東京パンデミック

TOKYO PANDEMIC

写真がとらえた都市盛衰

山岸 剛

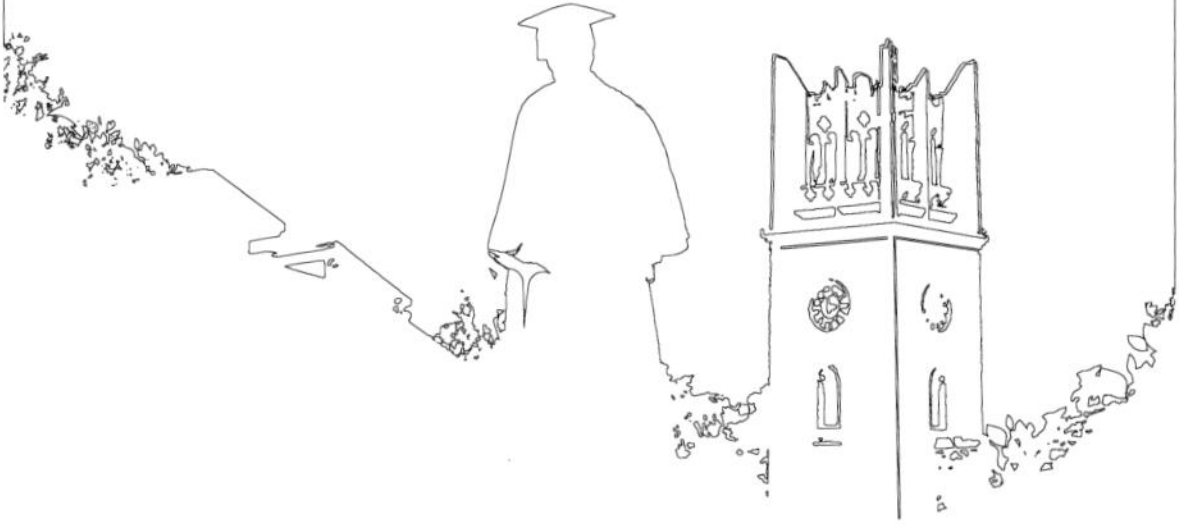

早稲田新書
005

まえがき

写真〈2019年10月5日、渋谷区神宮前〉

良質なグラフィティは、都市空間の断片に注視し、ここに文字やイメージを描く。それによって既存の文脈からずらし、街の見え方を変える。街における人々のふるまいを変える。都市空間を異化するのである。

グラフィティを撮影した〈2019年10月5日、渋谷区神宮前〉という写真。原宿は「神宮前一丁目」の交差点から一歩奥へ入る。中小の商業ビルとこぢんまりとした日本家屋が雑居する閑静な一角。角を曲がると、突如として現れるマスクガール。バブル期に建てられたとおぼしき、いかにも「ポストモダン」な商業ビルの、大きなのっぺらぼうの立面をフル活用して、巨大なマスクガールがこちらを凝視している。いつもはほとんど無気力に見えるのに、ふと振り向きざまに、強い意志をたたえたその眼で見つめられると、一瞬たじろいで、歩みを止める。ちょうどおあつらえむきに、斜めから光が差すことで、よりいっそう面が立ってきて間然するところがない。なかなか見事なグラフィティだと思って撮影した。目についたものは、とにかくいろいろ撮っておく。撮影時にはあまり考えず、体の反応に従って、気になったものは撮っておく。撮って、あとから、考える。体で撮って、あとから頭で考えるのである。まずは撮らなければ始まらない。

とにかく撮って、仕上げて、紙にプリントした。仕事場でプリントを眺めてつらつら考える。まあ悪くないグラフィティだ。

ただ、写真としてはどうだろう。いいものを撮っても、それがいい写真とは限らない。面白いものを撮っても、面白い写真にはならない。たいていは「面白いものが写っている写真」になるだけである。さしあたり優良可不可のうちの「可」あたりか。そうしたわけでこのプリントは、仕事場の片隅にしばらく埋もれていた。

そこでパンデミック（感染爆発）である。新型コロナウイルスによるパンデミックが、東京にやって来た。とにかく、マスクである。２０２０年はマスクの年。パンデミックだけではない。香港の民衆の抗議デモにおいても、アメリカにおけるＢＬＭ（ブラック・ライブズ・マター）運動においても、とにかくマスク、マスク、マスクである。いきおいマスクガールを掘り起こす。同じ写真でも、パンデミック以前と以後とでは、この写真が意味するところは全然違う。

一度はお蔵入りしたものの、がぜん勢いづいて復活した、われらがマスクガール。評価もまずは「良」あたりに上がっただろうか。と、さらによくよく眺めると、この少女、足がない。下半身がない。大地から、切れている。これはまだ何かある。「優」まであと一息。

もう少し考えてみた。

そうだ。幽霊には足がない。妖怪には足がある。

「幽霊に足のない訳　附　妖怪に足のある訳」という一章が、岸田劉生の随筆『ばけものばなし』にある。まさにモノが迫り上がってくるような、きわめて物質的な絵画である代表作、『道路と土手と塀（切通乃写生）』で知られる画家、岸田劉生が、ほかでもない「ばけもの」について書いている。分かったような、分からないような、よもやま話のような絵画論のような文章を、筆にまかせて長々と書き連ねている。ばけものよろしく、何ともつかみかねて興味深い。ここで劉生は、幽霊と妖怪を腑分《ふわ》けしている。いわく、「幽霊とは人間の化けたもの」である。「幽霊は大てい、思いを残すとか、うらみをのこす」とかいう理由で出てくる。よって妖怪よりは「幽霊の方がこわい」。が、それは「全然主観的なもので客観的には何者もない」。

一方、「妖怪は人外《じんがい》の怪《かい》である」。妖怪は「人外の異常なるもの」すなわち「人類が、他の巨大な動物、未知の動物、または自然の威力等に対して持った実感に基づく」。つまり「怪《もののけ》」である。「もののけとは、物の気、または物の怪」であって、「ともかくも幽霊よりはもっと客観性に富んだ存在である」。よって、もののけは当然「非人情」で、故にむしろ「可愛気」がある、「可愛い気分がある」とまで言う。

次に掲載する写真において、私は「妖怪」を扱う。「妖怪」すなわち「モノ」を扱う。「もののけ」「物の気」「物の怪」のモノである。

劉生によれば、モノとは「人外の異常なるもの」「自然の威力等」となる。だから、当然パンデミックも扱う。新型コロナウイルスは「人外の異常なるもの」「自然の威力」以外の何物でもない。ただ、それは偶然でしかない。すべて、パンデミックを含む人外の「モノ」どもを撮影した写真となる。主体はあくまでモノである。モノを撮って、モノの理《ことわり》を解き、モノをして語らしめる写真である。だからモノを、「妖怪」を扱う当然の帰結として、「幽霊」からは遠く離れる。つまり人間の「思い」とか「うらみ」とか「人情」は扱わない。

帰ってきたわれらがマスクガール。彼女の評価は、おのずと定まった。彼女は「幽霊」でしかない。足がない幽霊なのである。「全然主観的なもので客観的には何者もない」。地に足が着いていない。大地から、縁が切れている。よってわれらがマスクガールの最終的な評価はやはり、「良」にとどまる。

目次

1　贈り物

写真〈2020年1月29日、大田区城南島・城南島海浜公園〉

東京の際《きわ》をたどる。東京のエッジを精査する。もちろん、県境などの行政区分線上の際ではない。東京は、東京湾で海に接している。東京湾において、東京を画する線を、もはや一《メートル》たりとも自然のものでないデコボコの、いびつで長大な線をたどる。東京湾における際、水際、汀《みぎわ》をなぞるのである。汀において、都市という人工性の集積と、海という自然が出合う。この場所で、人工と自然という、二つの異質な力がぶつかる。その力関係を観察し、写真に定着するのである。

2020年1月29日、羽田空港を目と鼻の先にのぞむ城南島海浜公園に向かった。

平日にもかかわらず、園内にはテントを張ってキャンプを楽しむ人たち、バーベキューの火を囲んで飲み食いに興じる人たち、あるいは砂浜で、すぐ間近に離着陸する巨大な鉄の塊を、カメラに収めるべく待機する人たちでにぎわっていた。人造の砂浜が途絶え、コンクリートの護岸沿いに大量のテトラポットが投入されているその向こうは、簡易な水平棒で遮られ、立ち入りを禁じられている。木製のデッキがめちゃくちゃに破壊され、一つ残らず引っぺがされた地面のレンガタイルが散乱し、大小のペットボトル、アルミの空き缶、プラスチックのゴミ袋、そして流木、海の藻類などと入り乱れている。台風の被害である。水平棒をまたいで、瓦礫《がれき》のなかを奥へ進む。

僥倖《ぎょうこう》。偶然の幸運。表層をきれいに剥がされて、さっぱり新しく改まった地表に、目を凝らしてようやくそれと分かる木の塊が、汀《みぎわ》に送り届けられていた。

漂着物の贈り物が、寄り物として目の前に差し出されている。すぐさま撮れと言わんばかりに、半逆光の光を浴びて、量感と質感を自ら誇示して、そこに在る。まさに際をまたいで、異郷から異物の贈り物を頂いたのである。

ありがたく頂戴したい。これを有り難いと言わずして何と言おう。これを撮らずして何を撮ろう。恩寵に包まれ、興奮気味に、すぐさま車に戻って機材を取り出し、汀《みぎわ》に戻る。こんな目覚ましい贈与には、礼儀をもって、それなりの形式に則って相対し、返礼をしなければならない。居住まいを正し、心鎮めて三脚を伸ばし、厳かにカメラを据える。現代最高水準のデジタル複製技術を用いて撮影した。かくもめでたい贈り物を、独り占めにしては罰《ばち》が当たる。

【メモ】新型コロナウイルスの東京都感染者数 ①新規1 ②累計11（20年1月29日）

2 ノー密、濃密

写真〈2020年1月30日、江東区海の森〉

ふと見ると、何か異物が引っかかっている。
いつまでも土にかえらないプラスチックが、カサコソと風を集めていた。
それはあまりに即物的で、想像力による安易な飛躍を固く拒む。
すぐ間近の、半透明の化石を、地質学者が記録する。

2020年3月20日、府中市の東京外国語大学「プロメテウス・ホール」に向かった。退官する文化人類学者、今福龍太氏の最終講義に代わるイベント、「オペラ・サウダージ」を観覧するためである。

日本社会は自粛ムードにすっかり覆われていた。あらゆる行事、イベントから仕事まで、すべて十把《じっぱ》一絡《ひとから》げに、選択の余地なくキャンセルとなった。オープンエアで街を疾駆する自転車乗りも、車内独りで運転するドライバーも、広々とした多摩川の河川敷を走るランナーも皆、マスクを着けていた。あらゆる時、あらゆる場所、あらゆる機会に人々はマスクで口を覆った。「自粛警察」台頭なるニュースも聞こえてきた。だから「オペラ・サウダージ」の開催決定には本当に勇気づけられた。

開催を決めること、それだけで、思考停止に陥って自分で考え行動しない多数派には決してくみしないことを宣言していた。さらに「オペラ・サウダージ」は演目も破格だった。詩の朗読、映像の上映、音楽の演奏、演劇の上演、ダンスパフォーマンス、対話…。しかしその真骨頂は、演目の多様さとか「最終講義」に似つかわしくない物珍しさではない。すべての演目は、それがどのような形式で演じられようとも、現状を批判する精神で貫かれていた。現状を追認しない反骨精神で観客を鼓舞し続けた。

ただ何となく流れていく物事の成り行きを信用しない。物事は「ただ何となく」流れていくことなど決してない。その流れのなかに、きわめて確固とした、物質的な引っかかりがあって、それを決して見逃さない。その引っかかりを元手に、「ただ何となく」進行していくのとは違う世界の在り方を考える。モノの理《ことわり》を考えず、自分で判断することなく「ただ何となく」マスクで口を覆う。そんな世界の流れを「逆なで」する。

もう一つの世界を模索する人たちが、一人一人不安を抱えながら、自ら考え、行動して集まった。５００人収容のホールの２００人が、しかるべき時にマスクを着け、しかるべく「ノー密」で、濃密な夕べを堪能したのである。

【メモ】新型コロナウイルスの東京都感染者数　①新規0　②累計11（20年1月30日）

ぱりぱり亭
広告募集
03-5774-7505

3

消えた渋谷川

写真〈２０２０年2月4日、渋谷区渋谷・宮下公園〉

高校時代から歩き回って慣れ親しんだ渋谷の街が、大きく変わろうとしている。その変貌のありさまを撮影して何とか記録に残したい。が、何度通ってもなかなか撮れない。撮りあぐねているうちに、かつて自ら撮った写真の存在を思い出した。〈２０１０年2月21日、渋谷区渋谷・宮下公園〉という写真。ちょうど十年前、宮下公園をめぐってナイキ・ジャパンに命名権を売るとか、ホームレスの強制排除などの問題が起きていたときに撮影した写真である。その、かつて撮影した写真を印刷したプリントそのものを、新しく撮影する写真に直接入れ込んで、同じ場所から撮影した。

新旧の変不変が一目瞭然になる。もっとも際立つのは画面右、かつての宮下公園下の駐車場脇に整然と並んでいた路上生活者の段ボールハウスが消えて現れた「MIYASHITA PARK」である。画面ど真ん中の、ビルボードの白い矩形《くけい》は、新旧共に広告主のない状態。2020年のカンバスには、何を表現したいのか皆目分からない、子どもだましのような子どもの絵が描いてある。これがなぜか記憶のなかで、福島第一原発の建屋壁面に描かれていた空疎な淡いブルーのグラフィックを思い起こさせる。

さらに思い起こすのは、東日本大震災の被災地で「復興」土木工事の完成が近づいた2017年から翌18年あたりのこと。

いつものように太平洋沿岸部の集落をくまなく回っていると、集落そのものがこつぜんと消えていることに気づいて呆然《ぼうぜん》とすることが何度かあった。湾の入りと岬の出を小刻みに繰り返すリアス式海岸沿いの、小さな谷筋の集落を、背後に迫る山を切り開いた高所に移転させる。切り開いた際に出た土砂で、元の集落を、ここにはもう人は住まないという理由で谷ごと埋めたのだった。

そもそも渋谷はその名の示すごとく、渋谷川が削った谷にできた街である。「MIYASHITA PARK」は、渋谷川の谷をまるごと塞いだ巨大な人工物のように見える。渋谷川はとうの昔に暗渠《あんきょ》化されているから、渋谷川の道行きは二重に「見えないもの」とされている。

【メモ】新型コロナウイルスの東京都感染者数 ①新規1 ②累計17（20年2月4日）

4 墓の建築

写真〈2020年2月9日、江東区有明〉

建築は不動にして、地を裂いてたち上がる。
都市の地表はいま、アスファルトに覆い尽くされ、大地を意識することはない。
ふとしたきっかけで地が割れ、黒々とした土が横たわる時、
建築はわれに返り、自らを律する重力を思い出す。
そして、あらためて垂直に、墓石のようにたち上がる。

【メモ】新型コロナウイルスの東京都感染者数　①新規0　②累計21（20年2月9日）

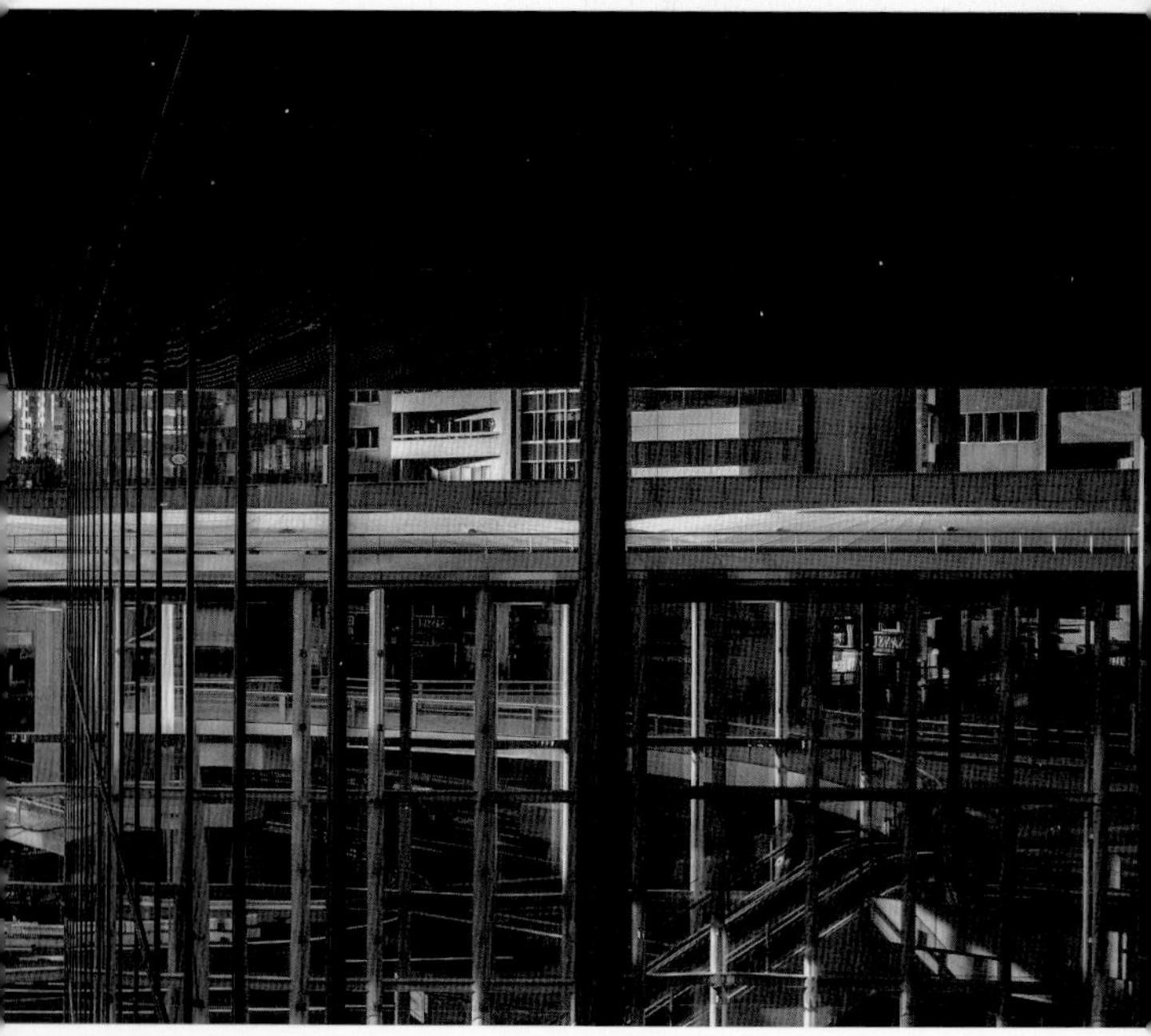

5　「モノ語り」を聴く

写真〈２０２０年3月1日、渋谷区渋谷・渋谷ストリーム〉

ある雑誌の表紙に〈２０１９年12月29日、渋谷区渋谷〉という写真を使ってもらった。

２０１９年12月29日、朝まだきの光に輝く高層の渋谷スクランブルスクエア。

その下半身にぱっくり口を開けている地下トンネルの闇に向けて、暗渠《あんきょ》化する渋谷川の黒々とした流れが貫入していく。掲載は２０２０年7月号。掲載誌を送った人からもらったお礼のメールに、コロナ禍の、人がいない渋谷の写真は貴重なドキュメントになりますね、とあった。確かに人っ子ひとりいない写真である。ただ、２０１９年12月29日は、東京はパンデミック前である。もっと言えば、そもそも私の写真にはほとんど人がいない。ことさら意識的に排除してきたわけではない。撮影を続けていくうちに、いつしか画面から人間はいなくなっていたのである。

東北での写真をまとめた前著にも人間はほとんどおらず、そのことをよく指摘された。なぜ人を撮らないのですか？　なぜ人がいないのですか？　どこか非難がましく指摘する向きが多かった。東日本大震災に関して、東北に関して、あれだけ大量に、人間にフォーカスした本やら写真集やらが出版されたのだから、私などがそれに続く必要はないだろう。

いや、そもそも私としては、なぜ人を撮らなければいけないのか、それこそが分からない。人を撮ればそれがそのまま人間の何たるかを自動的に表出してくれるとは思えない。むしろ人がいない方が、人間がより出てくる、とさえ考えている。人が、人の表情が「いい感じ」に写っていて、それでもっていかにもおあつらえ向きの「物語」が生まれると、かえって人間を見る眼は曇るのではないか。

人間はいま、あまりに「人間的」で、すぐ「ヒューマン」なお話に落ちていく。そこでは決して人間の姿は立ち上がってこない。だから人そのものではなく、人がつくった人工物を撮る。人間はむしろ抑えて、人間がつくったモノを、即物的に撮る。目指すは「物語」ではなく「モノ語り」である。

人間的な物語に安易に感情移入せず、モノ語りに耳をすませば、人間という動物が、ヒトという生き物が何を考え、何をしているのか、何をしようとしているのかが、むしろ克明に、より冷徹に見えてくるのではないか。昨今あまりに過剰な、人間の「人間性」をぎりぎりまで抑えて、人間の「自然」をこそ見極めたいのである。

【メモ】新型コロナウイルスの東京都感染者数 ①新規2 ②累計46（20年3月1日）

6

雨

写真〈2020年3月1日、江東区海の森〉

大好きな画家である熊谷守一《くまがいもりかず》の、とりわけ好きな絵に『雨水』がある。

雨樋《あまどい》が雨水を吐き出して、水が地面に浸透していく。雨樋は地表すれすれのところでL字に曲がっていて、その樋と土との隙間に、屋根瓦が二枚、差し挟まれて安定をとっている。

雨水は勢いよく流れ出し、じょじょに地表に染み込んで、今まさに土の色を濃くしつつある。地表の吸収力を超えた雨水がいっときあふれ、水たまりになり、その面《おもて》はお日様を受けて白く照り輝いている。屋根が雨を受け、雨樋が集め、壁を伝って下りて地に染みる。ときに激しい水で表土を削られもするだろう出口を避けて、そのまわりの、柔らかく湿り気を含んだ土に、愛らしい小さな草が二本、生え出したばかりである。

建築家、白井晟一。都心部では港区麻布台、飯倉交差点の一角に、氏の設計した「ノアビル」と呼ばれるテナントビルがある。この交差点、東にロシア大使館。西に東京メソニックセンターと東京タワー。北に霊友会の異形の宗教建築。つまり辺りは一見して、東京のなかでもとりわけ微妙な土地柄であり、「ノアビル」はその地霊を引き受けて増幅するかのような、異様にモニュメンタル（記念碑的）な建築物である。

以前、氏が設計した「S邸」という都内の住宅の見学会に参加した。この建築も周囲の街並みになじみつつ、異様さをも漂わせる、大きな家だった。すでに取り壊しが決まり、この地上から姿を消す前の、最期の見学会ということだった。

見学会の当日は雨だった。通常の家より大きく張り出された屋根は、銅の薄い、年月を経てくすんだ色の板材で葺《ふ》かれており、雨にぬれ、その傾きのままに水を低きに導きながら、雨空のわずかな光を集めて鈍く光っていた。屋根の方向が切り替わるコーナーでも、銅板は滑らかに屋根を覆い、水を集めて、庭に落とす。この住宅建築には雨樋《あまどい》がないから、屋根を伝った雨水は、そのまま直下の庭に落ちていく。

大きく張り出した屋根の端から垂直に下ろした地面、雨が着水するところには、玉砂利が帯状に敷き詰められていて、水を受けてぴちゃぴちゃ跳ねている。玉砂利は水を吸って、漆黒に変じ、これまたわずかな光に一つ一つ照り返って、自らの丸味を競い合っている。見学者たちは、玉砂利の一帯より建物側、敷石の上を、雨から屋根に身を守られて歩いた。あるいはその外側の、芝の張られた庭を、傘を差しつつ、この建築のかたちを賞玩して歩いた。

【メモ】新型コロナウイルスの全国感染者数 ①新規15 ②累計239（20年3月1日）

7

「虚」の街

写真〈２０２０年3月11日、中央区築地・築地市場跡〉

東京は２０１９年6月末から、梅雨の合間を縫って撮り始めた。〈２０１９年7月21日、中央区築地・築地市場跡〉という写真が撮れたことで本格的に始まった。

この写真から、この感じで、この細長いパノラマ画面でいこう、となった。東京が撮れた、という感じがしたのである。その理由を考えた。

前景に築地橋。おそらく築地から佃島、月島に架かる最後の橋だろう。だが築地橋は寸断されている。橋向こうには広大な空き地が広がっているからである。中景は築地市場の解体後の跡地である。あまりに広漠として、柵を立てることができないのか、すっかり全容が見渡せる。中景ががらんどうになったおかげで、後景のビル群が間近に見通せる。汐留のコンラッド東京、日本テレビ、電通ビルから、築地の朝日新聞社、国立がんセンターまで。大きさもかたちもさまざまな立方体が水平線に居並ぶ。

写真を見ていたら「虚」という漢字が浮かんできた。巨大都市東京の空虚。築地市場の廃墟。市場移転をめぐる嘘の数々。

東京の虚を衝《つ》く、山岸剛の写真…。三番目は、私にはどうでもいいゴシップの類いだし、最後のはいち写真家の切なる希望である。そこで、漢字で気になったらすぐに白川静博士である。『字統』をひもとく。すると「虚」の項に、まず「みやこのあと・はかば・むなしい」とある。次いで「現存しないもの、虚実の虚」として、「実の相反語として用いる例が多い」。さらに「虚は実の否定態として、実を可能ならしめる原理」であるとの由。「実を含む虚」ともある。虚を衝いて実をなす。嘘からでるまこと。

都《みやこ》の跡《あと》、つまり遺跡である。遺跡であって墓場であるとは、都市の過去が堆積し、充満している場所である。『字通』には「霊のいるところ」ともあった。一方、虚《きょ》なるものとして、実《じつ》ならしめる原理であるとは、実を産出する母体であるということにもなる。未来に向けての、あらゆる可能性がここに胚胎し、待機してはち切れんばかりに充実している。空虚なる充実。真空にうち震える充実。都市が、その過去と未来とに、双方向にわたって豊かに充実する、稀有な現在地こそが「虚」なる場所、すなわち「空き地」であった。

街に空き地が出れば、辺りをうろつく。柵越しに中を見る。あらわになった四囲を、そして、足元の土を観察する。いい空き地は時をおいて、定期的に経過観察する。必要があれば、休日早朝、柵を超えてこっそり侵入する。三脚を据えてカメラを載せる。撮影する。

【メモ】新型コロナウイルスの東京都感染者数 ①新規3 ②累計84（20年3月11日）

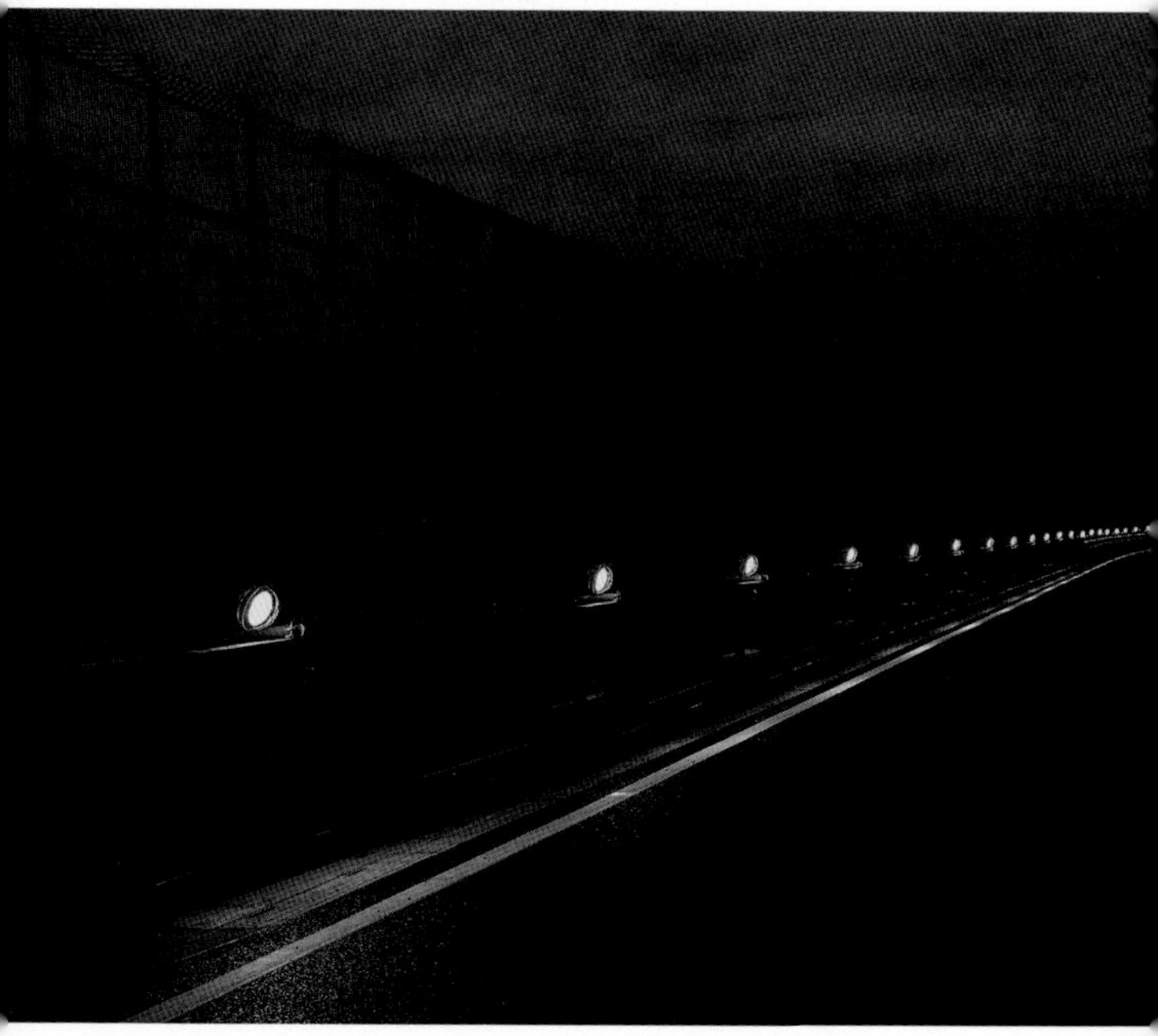

8 警備員たち

写真〈2020年4月21日、江東区中央防波堤〉

毎週日曜日、夜明け前に起きて、車で出かける。東京はやれ駐車禁止だの、肖像権だのと撮影にはいろいろと面倒な街である。ひと口に「撮影」といっても、映画であれば撮影許可を得て、クルーがいて堂々たるものだが、写真家はひいき目に見ても、そこいらを独り、うろついているだけである。撮影許可など取りようもないし、いちいち取っていたらとびきりのナマモノを捕り逃がすことになる。

昨今、もっとも厄介なのは警備員である。とにかくどこに行ってもやたらといる。民営化されたセキュリティー部隊が、都市をあまねく満たして監視している。三脚でも立てようものなら警備員が集まってきて、無言でプレッシャーをかけてくる。もしくは「職務質問」よろしく尋問してくる。いったいナニサマのつもりか知らないが、よって警備員をまくのは、都市で撮影する写真家の、仕事の前提となる。

そうした理由から、日曜日の早朝、人々が活動を始める前に撮影することにしたのである。自宅のある川崎市から首都高に乗って、「汐留」出口で降り、まずは築地の現場に向かう。築地市場の廃墟を工事現場のフェンス越しにウロウロして、何かあれば三脚にカメラを載せて撮影する。築地のあとは、月島（築島）、晴海、豊洲、有明と東京湾を次々に埋め立てた人工の島々を古い順に巡り、青海を経て、海の底のトンネルをくぐって「海の森」に出る。

まだ続く。「海の森」から運河を橋で渡ると、そこは東京湾の最前衛、まさに人工性の尖端。

その名も「中央防波堤」に行き着く。海上の地の果てには、真っ平らな地平に山積みされた色とりどりのコンテナ。巨大な土盛りの整然たる行列。「廃棄物埋立処分場」の平べったくて細長い山。ヨコに引き伸ばされた古墳のような、いかにも人が造ったゴミの山。この「山」の端からは、巨大なカニの足のような、東京ゲートブリッジが架かる。若洲海浜公園につなぎ、新木場、夢の島を経て東京の内陸部に戻ることができる。

おおおよそこんなルートでまた都心に戻り、引き続き撮影を続けるという次第である。

実は、地の果てに「山」は二つある。運河を挟んだもう一つの山は「海の森公園」で目下、来るオリンピックのために整備中である。

山と山の間の運河もまた、「海の森水上競技場」としてオリンピック競技に使用されることになっている。よって日曜日、海上の地の果てで私が行き交う人間といえば、やはり警備員たちばかりである。

【メモ】新型コロナウイルスの東京都感染者数 ①新規43 ②累計3028（20年4月21日＝緊急事

態宣言発令15日目）

9　写真が教えてくれる

写真〈2020年4月21日、江東区中央防波堤〉

4月7日、緊急事態宣言が首都圏に発令された。不要不急の外出は自粛せよ、とのことだが、写真家の撮影など、つねに不要不急である。つまり、誰に頼まれているわけでもないなにかの役に立つわけでもない。東京の撮影など、独り、勝手にやっているのである。

不要不急が常であってみれば、非常時は火急喫緊の撮影行となる。それに私の場合、人間とまるで接触がない。単独、車で移動する。休日の、人がいない早朝に撮影する。人が出始めるや、そそくさ退散する。もちろんコンビニに寄るときや、街なかではマスクを着ける。けれど東京の大気中にウイルスがはびこっているのでもなし、撮影中はマスクなど必要ない。人がいないのである。だから緊急事態宣言で、東京から人けがひいて、むしろ仕事がしやすくなった、好機到来とばかりに構えていた。

が、なぜか、ぜんぜん撮れない。まるで撮れない。

宣言期間中、時間もたっぷりあるから、日曜日にかぎらず撮影に出るも、ぜんぜん撮れないのである。体がまるで反応しない。三脚を据えてカメラを載せることすらなく、日がな一日、車からもほとんど出ずに、東京をただ、流している。人間は撮らない。人間をできるかぎり抑え、人間がつくったモノを撮るのだ。そんなふうにうそぶいていたら、ほんとうに人間がいなくなって、梯子を外されたような格好になった。

ほとほと呆《あき》れた。たんに俺はアマノジャクなのか？　それともこれがスランプだろうか。ずいぶん考えた。

いまだにこのときのことはよく分からない。それでも少しは写真を撮ったから、いつか時間がたったら、写真が真意のほどを教えてくれるだろう。そう信じて、写真が熟すのを待つ。

【メモ】新型コロナウイルスの全国感染者数 ①新規３７４ ②累計１１６４５（20年4月21日）

10　皮膚としての道

写真〈2020年4月26日、江東区中央防波堤〉

東京で、やたらと道を撮っている。正確には「地表」というべきか。省みるに、やはり東日本大震災以降に東北地方太平洋沿岸部で撮影したことが影響しているのだと思う。この経験は、私のなかで、地表面の見方を変えた。

2011年3月11日、住まいのある川崎市から国道15号を南下して横浜に向かっていた。「大黒ふ頭」交差点の手前あたりで、前を走っていたタクシーが急停止した。かねてからタクシーのマナーには怒りを覚えているから、例によって猛烈にクラクションを鳴らすも、動じない。しかたなくこちらも脇に寄せて停車した、直後、とてつもない揺れに襲われた。電信柱がバネのようにしなる。道路がぐにゃぐにゃと波打つ。地の底から、この世ならぬ轟《ごう》音が空気を震わせて体にぶつかってきた。

3月16日、津波到達地の南限と報道で知り、撮影に向かった千葉県旭市では歩道のアスファルトが引っぺがされ、土の塊が露出し、住宅が基礎ごと宙に浮いていた。

4月末から現地入りした東北三県の被災地では、ところどころで地が裂け、道路が陥落し、ふだん目にすることのない断面が露出していた。アスファルトの層は、これまで長い時間をかけて重なってきた地層の、一番上のほんの薄い膜にすぎなかった。皮膚が裂け、一気に弛緩《しかん》した肉が、赤くあらわに横たわっていた。

だからその後、石牟礼道子さんの幼少期を綴る『椿の海の記』の第三章「往還道」を読んだとき、まさに身に染みた。いや肉に染みた。道子さんの道は、ほとんど生き物の皮膚のようで、その皮の上からも下からも、人間にかぎらないあらゆる生き物が躍動している。それでもってはじめて、その薄い面《つら》の皮一枚が成立している。

皮膚のように、地面が、道が、感覚器官をもっているかのようである。内側を守るだけでなく、内と外をつなげ、それらを交換したり調節したり、循環させもする薄い膜としての道なのである。

【メモ】新型コロナウイルスの東京都感染者数 ①新規23 ②累計3183（20年4月26日）

11　自然と人工性の函数

写真〈2020年6月9日、中央区築地・築地市場跡〉

なぜ築地市場の解体移転が問題になったのか。市場という場所は「自然」と「人工性」の間、バッファーゾーン（緩衝地帯）だったのではないか。「自然物」が、全国津々浦々から集まってきて、市場でやりとりされて「人工物」になり、果ては「商品」となってまた全国津々浦々に散っていく。そんな「自然物」と「人工物」の、微妙な間を扱う場所が市場だったのではないか。

「自然」はあまりに生々しい。だから、このバッファーゾーンで、自然とも人工ともつかない絶妙な言葉で、呼び声でやりとりして、少し和らげてやる。つまり飼いならしてから外に出す。トゲトゲの自然でもなく、ツルツルの商品でもない、一番おいしくて豊かな中間層。そんな質の移行をつかさどる場所が「市場」だったのではないか。

市場のような中間地帯が失われると、「自然」と「人工性」という二極がむき出しのまま、じかにぶつかる。青信号から、黄信号なしに、いきなり赤信号に変わる。「あいだ」が失われ、「自然」と「人工」という両極端が何の媒介もなく出合ってしまう。

【メモ】新型コロナウイルスの東京都感染者数　①新規17　②累計3743（20年6月9日＝緊急事態宣言解除16日目）

12 時間の消去

写真〈2020年6月16日、港区六本木〉

この場所に墓地があることは、もう何十年も前から知っていた。東京という街は、大きな通りに面してどこでも同じような中高層ビルが建ち並ぶ。そこから路地を二、三回曲がって奥へ入って行くと、エアポケットのように、小粒な家々が居並ぶ住宅地になる。すこし古い土地だと、お寺や神社が住宅とごく自然に同居していて、大きな墓地があることも珍しくない。住宅は何十年かの単位で更新されていく一方、墓地はいつでも古色蒼然としている。そこは東京の「古層」を日常的に目にすることができる、ほとんど唯一の場所だろう。

東京は、自身の「古さ」をそのつど消去していく、稀有《けう》な街である。

ごく日常的な「東京景」としての墓場とは別に、東京を撮影していると、タワーマンションが、ずばり墓に見えてくる。屹立《きつりつ》するタテに引き伸ばされたかたちしかり、再開発地区や湾岸部においてそれが無数に林立するありさましかり。もちろん、タワーマンションの顔に当たるファサードがツルっとしてコンピューターグラフィックスのコピー・アンド・ペーストにしか見えないのとは対照的に、墓石には墓碑銘がしかと刻まれ、年月を経てざらついた豊かな表情を見せている。

【メモ】新型コロナウイルスの東京都感染者数 ①新規33 ②累計3915（20年6月16日）

13 地を貫く柱

写真〈2020年6月27日、千代田区九段北・靖国神社〉

津波襲来の南限と知り、千葉県旭市に向かった。東日本大震災の5日後のことである。首都圏は混乱のなかにあった。交通網は寸断され、カーナビが予測する時刻を大幅に遅れて目的地に到着した。太平洋の波が静かに打ち寄せる砂浜に、車から降り立ったその時、大きな余震が起きた。車に戻り、内陸に向けて一目散に走らせた。

肝がつぶれた。

初めて訪れた旭市の、海辺の住宅街、津波に無残に破壊された地区をうろついていると、中年の女性に声をかけられた。強い風が破壊された家屋から出た粉塵と、海岸の砂を含んで視界を黄色く染めた。私はカメラを持たず、全身フル防備のうえ、頭からフードをかぶり防塵用メガネをかけて歩き回っていた。女性は言った。

「そんな格好でウロウロしていると、ここの男どもに袋だたきにされるよ！」「外国人の集団が流された家から金目の物を盗もうと、大挙してやって来ているという噂《うわさ》が流れているんだ」「ここいらの男どもはみな漁師で、血の気が多いから気をつけな」

大災害に伴う数々の流言が思い出された。撮影していて、いろいろ恐ろしい思いをしたことはあるが、こういう類の怖さは初めてだった。

背筋が凍った。

日没前、海岸線に沿って走る道路の脇にある鳥居を撮影した。津波に破壊され、流されて平らになった一帯に、コンクリートの大きな土台に載せられて、木造の鳥居が独り建っている。鳥居の先には、すぐ海が見える。鳥居がかたちづくる矩形《くけい》は、津波がまさにここを通って、こちらにやって来たかのようだった。いや、津波がやって来た軌跡をかたどったら、そのまま鳥居のフレームとなった。そんなふうにも見えてくる。

ただ鳥居だけが建っている。参道やお社があるわけではない。私がいて、鳥居があり、その向こうに海がある。それだけである。つまり鳥居は、自らの向こう側を私に意識させるためだけに、そこに建っていた。ある時、ふとしたはずみで、鳥居の向こうから津波がやって来た。人間の、鳥居を介したその向こう側に、人間とは次元の異なる「自然」が在る。それを示すためだけに、鳥居は建っていた。鳥居という人工物は、こちらの人間と、向こうの自然をつなぐ媒介だったのである。

靖国神社の鳥居を撮った。仕上がった写真をプリントしてしげしげと眺める。〈2011月3月16日、千葉県旭市下永井〉の鳥居と比べる。鳥居の「向こう」感は、あまりない。むしろ鳥居の二本の柱の、その下、地面を破ってその地中にまで柱が届いていくような「深さ」の感覚が勝る。鳥居といえば、その矩形《くけい》の「向こう」ばかりを思っていたが、垂直の柱が地を貫く「深さ」に思い至ったのは初めてだった。

【メモ】新型コロナウイルスの東京都感染者数 ①新規66 ②累計4391（20年6月27日）

14 「異」論

写真〈2020年7月12日、江東区海の森〉

東京を撮るための二つの方法。

あまりに慣れ親しんだ都市を撮影する二つの方法。

その一。異人になること。

すなわち外国人に、ストレンジャーになること。はじめてその都市を訪れた外国人のように、都市のあらゆるものに驚くこと。頭で考えず、体で考えること。体を、感覚をフル動員して、街を歩き回り、積極的に迷子になること。都市の日常を、非日常的なまなざしで眺めるよう努めること。

その二。異物を見つけること。

都市においては、ありとあらゆるものが人工物である。人間がつくったものである。人間が意識で、意識的につくったものである。街路樹のような木々も、人々が週末に憩う「自然豊かな」場所も、すべて人工物である。すべてが意識的にコントロールされた都市で、意識がつくったものではないものを見つけること。都市における異物、それは「自然」である。すべてがコントロールできるとみなされた都市＝東京で、ある時「自然」がニュッと顔をのぞかせる。ゴツい、ザックリした確かな手触りで。それを決して見逃さずに捉えること。

【メモ】新型コロナウイルスの東京都感染者数 ①新規168 ②累計6300（20年7月12日）

15　深閑の森

写真〈2020年7月26日、渋谷区代々木神園町・明治神宮〉

靖国神社を撮影した勢いで、明治神宮に向かった。明治神宮はこれまで詳しく苑内を歩いたことも、詣でたことさえなかった。正面玄関といえるJR原宿駅そばの南参道は常に騒がしいので、あまり人気のない西参道から入った。西参道の入り口手前には、白線で囲われたパーキングメーターがあって、私が活動する早朝は稼働していない。駐車し放題である。ゆっくり撮影に専念できる。東京で撮影するときの面倒の一つは、実はこの駐車場問題なのである。

車を止めて、鳥居の前で一礼してから、早朝の神宮の森を歩く。撮影時の私のいでたちは、ウオーキングする人のそれである。

撮影機材も持たず、手ぶらである。撮影すべく体が反応したら、しばし吟味し、いざ撮影すべしとなれば、機材を取りに車に戻る。スポーティーな服装で、他のウオーキングの人たちと共に歩く姿は、典型的なアラフォー中年男性の散歩姿そのものである。初めて歩いた時はまだ梅雨時で、雨上がりの湿気をたっぷり含んだ森林浴がとても心地よく、肝心の撮影を忘れて鎮守の森を歩き尽くした。

それほどに鬱蒼《うっそう》として深閑たる森は素晴らしく、ここが東京であること、そしてこの森が人工の植樹によるものであることが信じがたく思われた。創建は大正9（1920）年11月1日で、偶然にも鎮座百年。境内ではそれを記念するパネル展示が大々的に行われていた。

撮影をして、仕上げてみて、目ぼしいと思われる写真は、作業用の小さなプリントを作っておく。作業とは、他のこれまでの東京写真群と突き合わせて比較検討するのである。アラフォーだから、パソコンのモニターを見るだけではどうも手応えがない。やはり「ブツ」がいい。

紙に印刷したものを用いて比較検討する。新しいプリントが、それまでに撮影した写真のアーカイブに加えられると、そのアーカイブ全体が組み替えられて新しくなる。写真同士を比較検討する時は、写真の「意味」は考慮しない。ただ写真の、画面のなかの「かたち」だけを考えるのである。「かたち」だけを引き比べて、ああでもないこうでもないと、デスクトップならぬ実物の机の上で、前後左右と順番を入れ替えたり、ペアを作ってみたり、ペアと別のペアを組み合わせてみたりする。よくすればこれまでとは違う角度から光が当たり、写真が新たな意味合いで浮かび上がってくる。

まずは「かたち」であって、「意味」はのちのち、ひとりで勝手にやって来るのに任せるのである。

〈2020年7月26日、渋谷区代々木神園町・明治神宮〉の隣に、〈2020年10月4日、港区六本木・都立青山公園南地区・六本木在日米軍基地〉(本書25章の写真)を並べて検討する。この二枚、このペア、このセットには、ある「構造」がある。要素と要素の間の関係と、各要素から構成される全体が同じである。一方の、岩、草むら、国旗掲揚台のポールとその関係とから成る全体。他方の、六本木在日米軍基地のフェンス、基地ヘリポートの草むら、六本木ヒルズとその関係とから成る全体が、反復している。

明治神宮の岩は「さざれ石」である。「君が代は千代に八千代にさざれ石の巌となりて苔のむすまで」と、日本国国歌にうたわれる。まさにさざれ石から、垂直に立ち上がるかのような一柱を支える国旗掲揚台には、「昭和四十三年十月　明治維新百年記念　奉納　南加県人会長協議会」と銘打ってある。「南加県人会」はそのホーム・ページによれば、「日米親善の促進、各県の文化遺産の理解と奨励を目的とし、1964年にロサンゼルスにて設立され」たとある、日系アメリカ人の県人会である。かたや六本木在日米軍基地の方は、フェンスに隔たれつつ、基地ヘリポートから、マッチョな六本木ヒルズがそそり立つ格好である。

かたちにのみ関わって一堂に会した二枚の写真が、意味の上でも交錯していくさまは、かたちを見る目を変え、その後の撮影に影響を及ぼしていく。

【メモ】新型コロナウイルスの東京都感染者数 ①新規224 ②累計8783（20年7月26日）

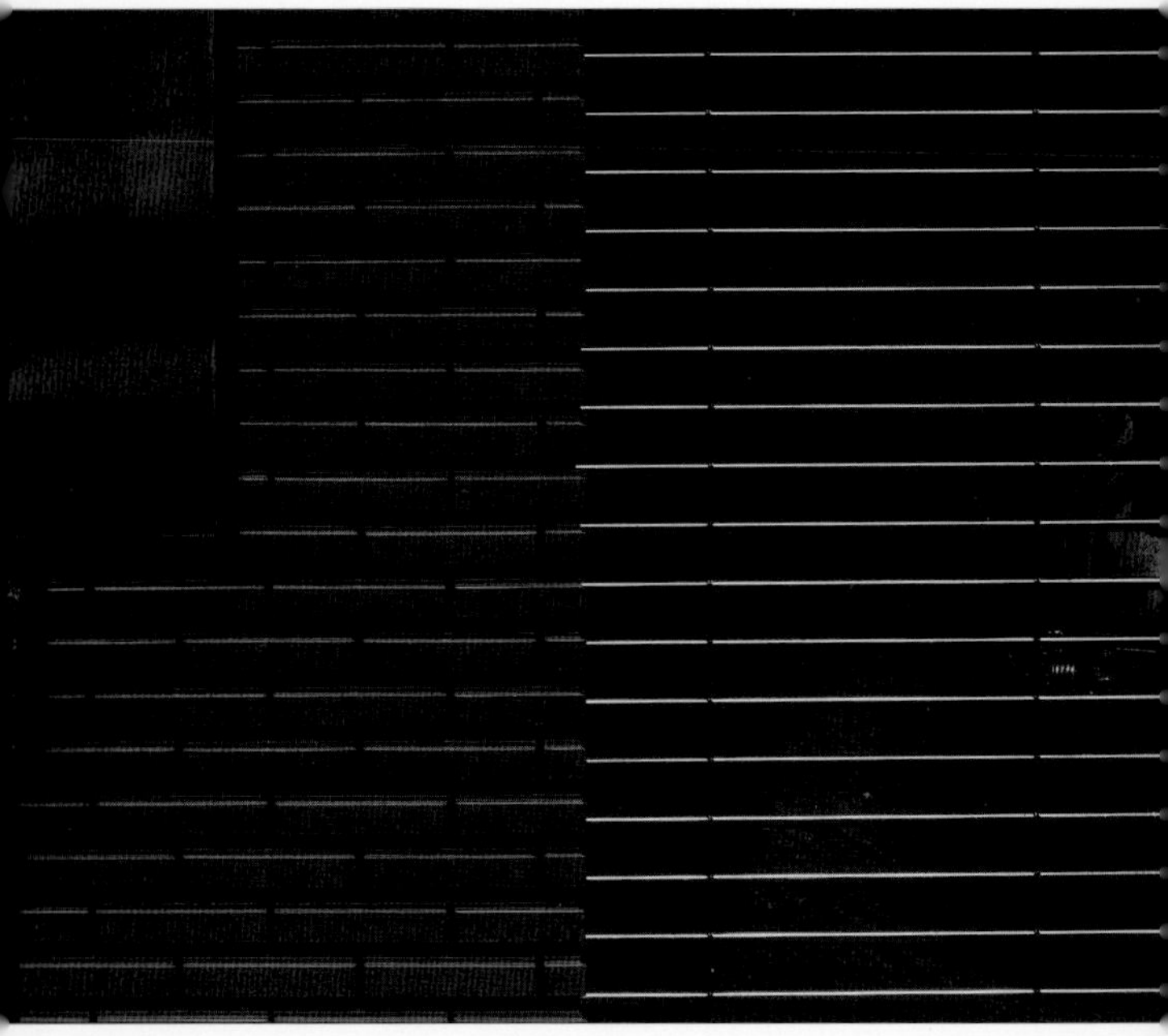

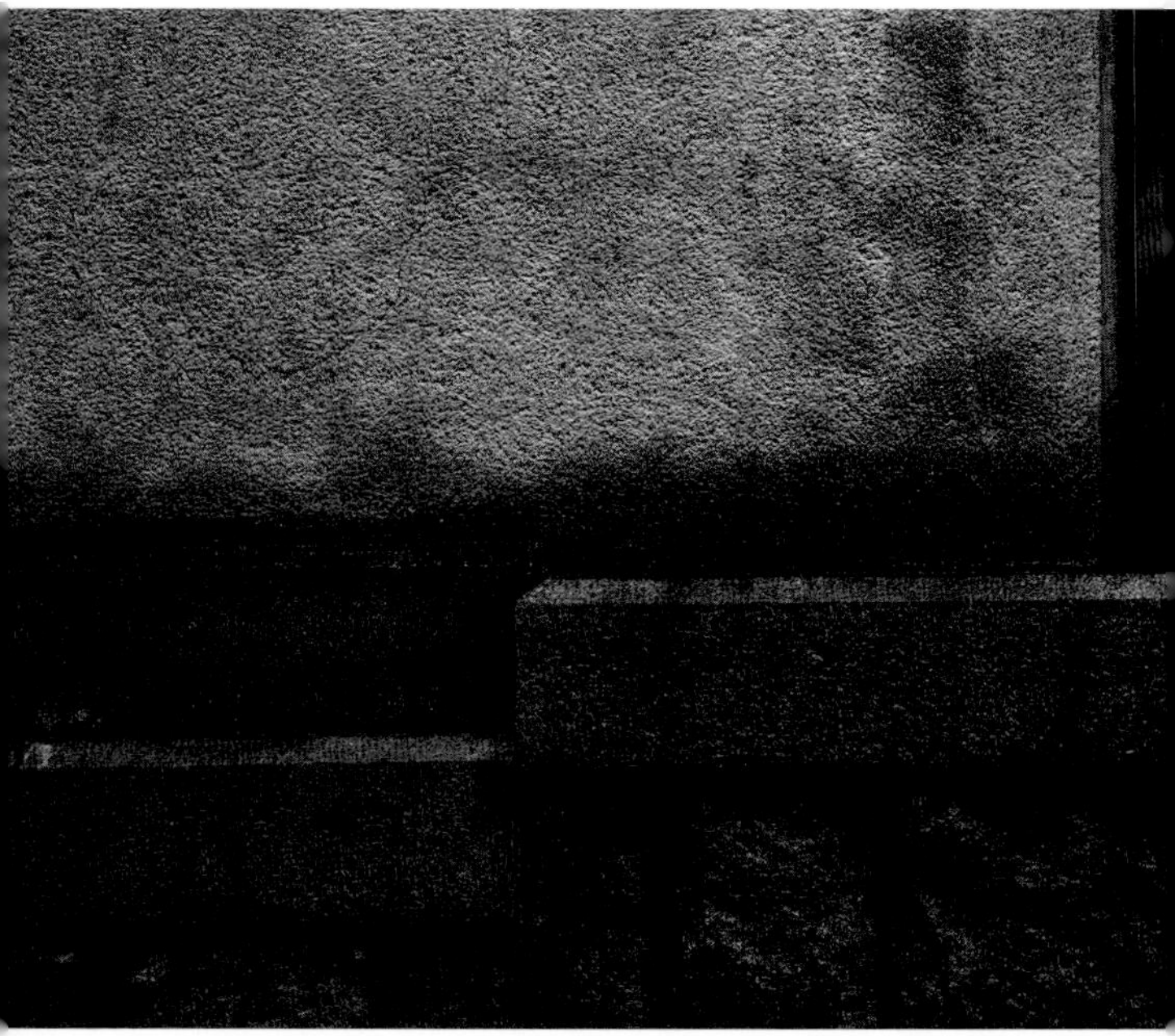

16

壁を読む

写真〈2020年7月26日、千代田区九段北〉

壁に時間が書き込まれている。壁を精査すれば、その都市が過去に何をなし、それを今、どのように受け継ぎ、これから先、それをもって何をなそうとしているかが読み取れる。だから壁は、その都市に集まり、活動する人間たちの肖像ともなる。壁の面《おもて》は、都市の人間の面、すなわち顔である。

敬愛する写真家たちの仕事が、それを教えてくれた。チェコはプラハ出身の亡命写真家、ジョゼフ・クーデルカ。ヨーロッパの戦後を生き抜き、今も流浪の撮影行を続けるクーデルカの壁は、ナチスを、そして東西の分裂を生み落としてしまった自らの過去の、長くのしかかる重圧にあえぐ、戦後ヨーロッパ人の映し鏡である。あるいはアメリカはニューヨーク、アーロン・シスキンドの壁。極端なクローズアップがあらわにする、尋常ならざる壁面の肌《き》理《め》、皺《しわ》、ひび割れは、過去を持たないアメリカ人が、時の蓄積を、伝統を希求する強迫観念にも見える。イタリアの写真家、ルイジ・ギッリの壁は、ときに重苦しく人々を縛りもする伝統の豊かさを、いとも柔らかく全身で受け止め、地に足を着けた軽やかな現代性として、あふれる光のなかで輝かしく表現する。「重さのエレガンスは、軽さの感じをもつことである」というシュルレアリストの発言そのままに、自身シュルレアリスムの伝統に身を浸したギッリが体現する、現代性の明るさである。

東京はどうだろうか。ここに示したのは、以上のようなもくろみを持って撮影を開始し、いまだ日の浅い時期に採られた標本の一つである。いわば模索中の、トーキョー・ウォール・サンプルの一つである。東京は九段下、靖国神社の第一鳥居のすぐそば。靖国神社の敷地の外に、「濠北方面戦没者慰霊碑」がある。これに向かい合って、左手に進む道に沿った壁が、本サンプルの採取地である。「旧山口萬吉邸」の、幾度かの修繕あるいは増築を経たとおぼしき壁面と、中規模マンションのありふれたレンガタイルとの接合部を、２０２０年

7月26日、雨上がりの早朝に撮影した。

と、ここまで書いて、そもそも東京に、時を刻む壁など存在するのか?との疑問が頭をもたげる。まずもってヨーロッパのそれのように、重く厚みのある壁は存在しない。それ故か、すぐに無くなる。つまり壊される。長続きしない。よくも悪くも、である。大半は、作られては壊される短い寿命の間、ツルツルピカピカで、表面を薄く被覆するのみ。確たる焦点を結ばずに、どこまでも視線が横滑りしていく。「時を刻む壁」と自ら書いて、ヨーロッパの壁には「時刻」があるが、東京の壁には「時間」しかない、という表現が思いついた。うまいかどうか分からないが、「時刻」の壁の方に、多少の憧れを禁じ得ない自分に気付きもする。

いつの日か壁の面《おもて》、表面のおもてが裏返って、東京のおもてを裏返すような壁に出合うことを期待したい。

【メモ】新型コロナウイルスの全国感染者数 ①新規830 ②累計30426（20年7月26日）

17　Tokyo ru(・i)ns

写真〈2020年7月26日、千代田区大手町・一ツ橋門石垣跡〉

2019年6月末から撮り始めた、東京を対象にした写真のシリーズは、タイトルを『Tokyo ru(i)ns』とした。トーキョー・ルインズ、トーキョー・ランズ。シリーズのうち三点の写真を、ある雑誌の表紙に使ってもらった際、名前を求められて付けたのである。

英語のruinは、廃墟、遺跡を意味する。東京を廃墟に見立て、遺跡として眺める。東京を、かつて華やかなりし都《みやこ》の跡《あと》をのぞむように、ある距離を取って、遠くから観察するのである。この場合の「廃墟」は、日本語が常識的に示す意味合いで用いていない。つまり「廃墟」特有の、甘ったるく、いかにも美しい静謐《せいひつ》を意味しない。さらにまた、独特の臭み、湿り気をもきれいさっぱり拭い去る。

文化人類学者の今福龍太によれば、ｒｕｉｎはｒｕｎという動詞を、その語根に持つ。ｒｕｉｎにおいて、時間はｒｕｎしている、走っているという。だから常識に大きく反して、廃墟とは甘美な時間の停止状態ではなく、むしろ時の疾走状態なのである。よって、ゆったりとした時間の作用による熟成の結果生ずる臭みとも、まるで無縁である。無味無臭、徹底的にドライである。廃墟において、事物は疾走している。むしろ騒がしいほどに忙しく、感傷的なものにかかずらう暇など持ち合わせていないのである。

写真術を自覚する以前から、大切に温めていた、ｒｕ（ｉ）ｎの時間感覚を、私は東北で実地に経験した。〈２０１７年3月29日、岩手県陸前高田市米崎町沼田〉という写真。ようやく完成にこぎつけた長大な防潮堤の水門は、日没前の青紫色の薄明のなかで、私の前に立ちはだかった。一瞬、これが一体、いかなる機能を持つ物体であるのか、私には分からなかった。その時、これこそがｒｕ（ｉ）ｎであると直観したのである。この、今まさに完成した真新しいコンクリートの塊は、のっけから、廃墟であった。防潮堤が今、崩壊に向けて、水門の堰《せき》を切って走り出す姿を、私は幻視した。防潮堤は、来るべき次なる崩壊に向かって、今まさに疾走を始めたように見えたのである。

東京をｒｕ（ｉ）ｎとして眺めると、過去から現在そして未来へと折り目正しく、一方通行路で流れていく時間は背景に退く。代わりに着古してなじんだ衣服のように、過去の襞《ひだ》に未来をはらみ、未来の襞に過去をはらんで、複数の時間が相互に行き交い、湧き出してはほとばしる、アナーキーな今＝現在の姿が、迫り上がってくる。

そのような時間を抱えた東京の姿こそ、『Ｔｏｋｙｏｒｕ（ｉ）ｎｓ』である。

【メモ】新型コロナウイルスの全国死亡者数 ①新規4 ②累計997（20年7月26日）

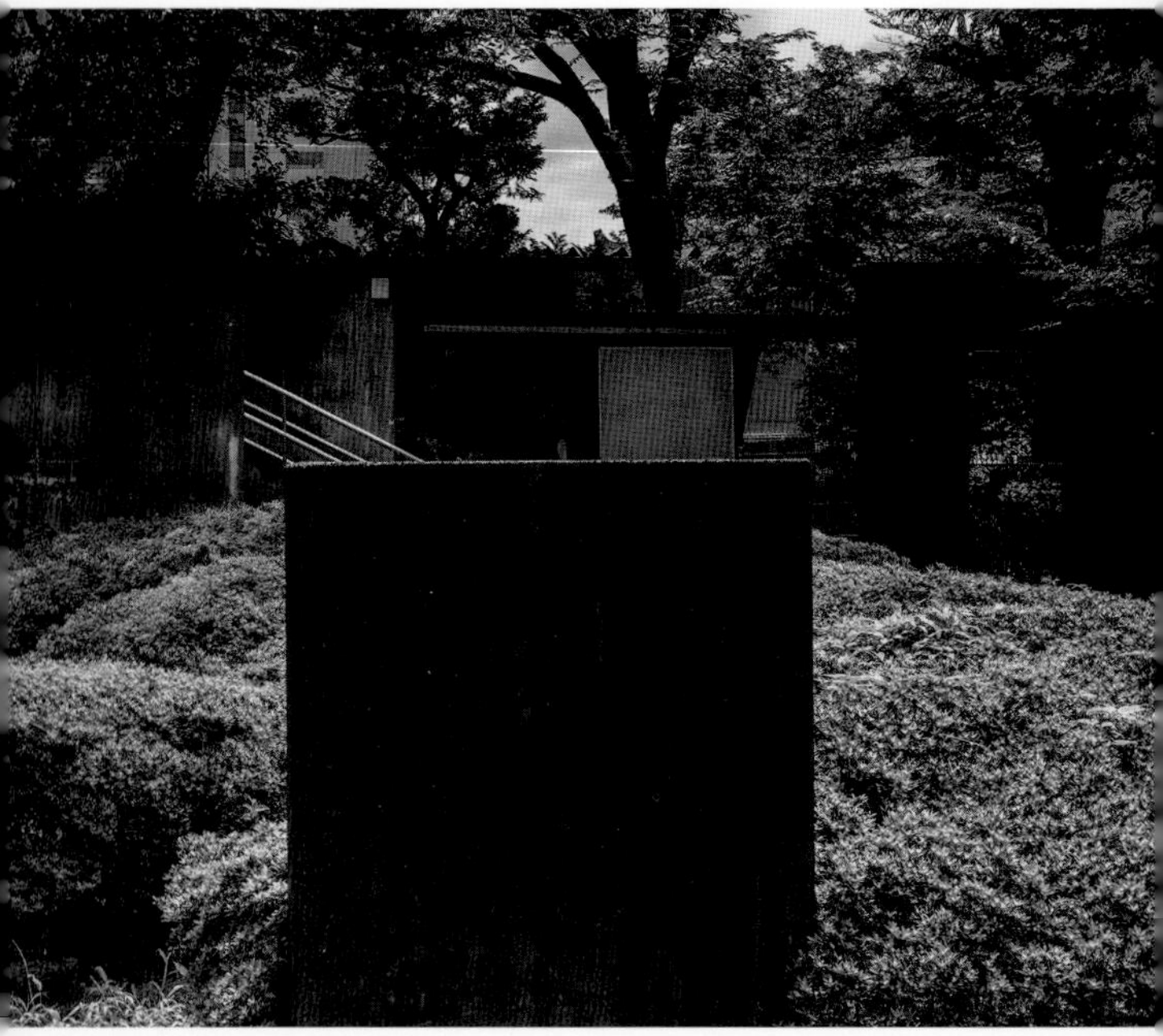

18

記憶の風景

写真〈2020年7月26日、文京区春日・東京都戦没者霊苑〉

東京はつくりながら、そのつど自らの過去を消していく。この街を歩いていても、その「古さ」に出くわすことは、ほとんどない。だから東京の「記念碑」を訪ねてみることにした。記念碑とはまさしく「過去」を記し、今に生きる者がこれを念ずるためのいしぶみである。過去の物象化、モニュメントである。

グーグルマップで「記念碑　東京」と検索をかけると、ありとあらゆる「記念碑」が出てくる。一つ詳細に入ると、関連するものが芋づる式に出てくる。江戸後期の波除碑《なみよけひ》から明治維新百年記念、近代産業発祥の地、明治天皇あるいは昭和天皇の行幸記念、日清日露戦争、関東大震災、第二次世界大戦に関する無数の記念碑…。もちろん現代のアイドルなどを含めた偉人の記念碑もある。とりわけ太平洋戦争あるいは大東亜戦争については、公式非公式を問わずあらゆる記念碑を細大漏らさず、画像と解説付きで紹介するウェブサイトなどもあったから、適宜参照しながら目ぼしいものを訪ねるのである。

寺の境内の片隅で今にも倒れそうなか細い石柱に、もはや判読できない文字が刻まれているもの。

古びた石の面《おもて》に力強い筆ぶりで戦争を称揚するもの。

猫の額のような広さの児童公園で、滑り台やら鉄棒やらの遊具と横並びに独り屹立《きつりつ》するもの。

隅田川の橋詰のいかにも公式の巨大な石碑。その後景にはホームレスの人たちのこぢんまりとしたダンボールハウスが続いていく。神宮前交差点の歩道橋かたわらの、1964年東京オリンピックの際の国旗掲揚台は街路樹に紛れ、一見して判別することすら難しい。東京湾を埋め立てた人工島の、塵芥《じんかい》に汚れた工場と工場の隙間に建てられた、ピカピカに磨きのかかった小さな「天皇陛下行幸記念碑」などなど。コロナ禍を記念する碑も近く建つに違いない。

よくも悪くもない。記念碑たるものかくあるべし、と言うつもりはない。ないのだが、何というか、「風景」にならない。写真を撮ってもうまくない。写真にならないのである。こちらとしては記念碑と、その他の現在の景物がなじみ、かつまた同時にモニュメントが何がしかを主張するありさまを期待していた。

つまり過去がのっそり顔を出して、この都市の「今―ここ」が全く別の、新しい顔つきで現れてくるさまを期待していたのに、写真にしようにも単なる「記念碑の写真」になってしまう。

あるいは撮ったところで、いかにも外国人観光客が喜びそうな、珍奇な「トーキョー」景にしかならなそうである。結果すごすごと車に戻ることになる。

【メモ】新型コロナウイルスの米国死亡者数累計１４６４６０（20年7月26日）

19

放ること、めでること

写真〈2020年8月5日、横浜市西区みなとみらい〉

このまま放っておけばいいのに。つくづくそう思う。放っておけば、草どもは春に萌《も》え、夏に盛り、秋に枯れ、冬に果てる。いつしか、どこからか種が舞い降りて着床し、木々も育つ。花が咲き、実を結ぶ。虫が集まる。小動物も寄ってくる。うまいこと生態系が生まれ、移り変わり、循環して見事な自然ができあがる。

下手に金網で囲うから、白いプラスチックのゴミ袋がたまる。高い塀を建てるから、何かが入り込むと「異物」として排除する。定期的に草刈りする労を何度も経たのちにビルが建っても、どうせまた同じような代物だろう。同じような大きさ。同じような高さ。同じような色。同じような素材。同じような窓。たまに違うことをやっても、結果、たんに目立つだけ。突出してしまって風景になじまない。やっと慣れた頃にはもう壊される。
「自然は曲線を創り人間は直線を創る」（湯川秀樹）。直線ばかりの都市に、目にも優美な曲線の世界が生まれる。

人間が引いた単調な直線に比べて、自然の曲線の何と多様なことか。曲がった線も真っ直ぐな線も、柔らかい線も硬い線も、草も樹も虫もいてはじめて多様だろう。昨今さかんに叫ばれる「多様性」は、ひたすら人間中心で、人間のことしか考えておらず、人間の管理できる限りにおいての多様性でしかない。

人間の管理の及ばない、その外にある「自然」は徹底的に排除する。排除して、コントロール下の、人間化した自然もどきを、言い訳のようにビルのそこここに配置する。「緑化」と称して、街にやたらと植物があふれかえる。そもそも樹木草花は人間の言い訳のための手段ではない。それ自体一個の生命であって、目的そのものである。自分たち以外の生物を手段としか考えていないから、用が済んだら「殺処分」になる。思い上がりも甚だしい。ヒューマニズム即ち人間中心主義、ここに極まれり。持続可能性やら多様性やらは、人間の枠を外してこそ実行すべきである。

必要ならビルを建てればいい。必要がないなら、放っておけばいい。そういう場所もあっていい。放っておいた場所で、じぶんの庭先の草花でもめでるように、雑草の四季折々の移り変わりをめでる鷹揚《おうよう》さでも生まれたら、なおのことい い。荒れている、などと嘆くとき、荒れているのはよっぽど人間のほうである。

【メモ】新型コロナウイルスの東京都感染者数 ①新規183 ②累計10882(20年8月5日)

ラマリーナ

20　インタレスト

写真〈2020年8月9日、品川区東八潮・日本財団パラアリーナ〉

トーキョー、オリンピック、パラリンピック、パンデミック——。

やけに語呂がいいな、と東京臨海新交通臨海線「ゆりかもめ」の「東京国際クルーズターミナル」駅改札の高みで絶句した。

古代ギリシャに端を発し、あいだをすっ飛ばして前世紀に、今日に至るそのかたちを成したオリンピック。いまや滅びつつある「近代」国家の祭典、いわば人工性の集大成と、そんなものには一顧だにしない自然の猛威、新型コロナウイスが見事に一堂に介している。

英語のインタレストは、興味関心から利益利害までを意味する。人間は自然に興味を持ち利益を求めるが、それはひたすら一方通行で、自然は人間になど徹頭徹尾ノーインタレスト、まるで無関心である。オリンピック、パラリンピックがあろうとなかろうと、パンデミック（感染爆発）はトーキョーにやって来た。

新型コロナウイルス感染症患者の療養のためのプレハブ小屋が、無機質に大量に設営されている光景を見て、かつて自分が撮った写真を思い出す。〈２０１１年5月6日、岩手県宮古市田老向新田・応急仮設住宅〉。太平洋の荒波が砕ける断崖から、数百メートル上った海岸段丘を切り開いて造った、宿泊や娯楽のための巨大施設。その駐車場を埋め尽くして、ピカピカの仮設住宅が突貫工事で建設されていた。同じものが、寸分の違いなく、ひたすら反復している「近代的」風景にゾッとした。

そう書いて、やはり同じ頃、岩手県陸前高田市で見たコンビニの仮設店舗のことを思い出す。これも同じく無骨なプレハブ小屋で、津波が襲った地域より高い場所に独りでぽつんと立っていた。街の人たちが買い物をしたり、ただ何となくおしゃべりしたりするのに集まっていた。無機質なプレハブなのに、どこか華やいで見えた。小屋はとても凛々《りり》しくて、その立ち姿はほとんど英雄的に見えたのだった。

【メモ】新型コロナウイルスの東京都感染者数 ①新規141 ②累計11456（20年8月9日）

大田区
令和島二丁目1

21

令和！令和！

写真〈2020年8月9日、大田区令和島〉

「東京港海の森トンネル」が開通した。これで車は青海地区を経ずに、有明から「10号地ふ頭」を真っ直ぐに、東京港フェリーターミナルを過ぎて、「海の森」に出られるようになった。

海の森トンネルは、新年度が始まる2020年4月に開通予定だった。新型コロナウイルスによるパンデミック（感染爆発）で延期され、6月20日にようやく開通した。トンネルを抜けて「海の森」に出るとすぐ、やはり開通が遅れていた「海の森大橋」が新しく架かり、その先が東京の最南端、東京都江東区中央防波堤になる。海の森トンネルから海の森大橋を経て、中央防波堤外側埋立処分場に通じる道が、一筆書きに通じたことになる。

こんな地名で説明しても、何のことやら、地勢はさっぱり通じないだろう。すべてゴミで埋め立てた人工島なので、奥行きを欠くのは致し方ない。ともあれ、湾岸中心部からのアクセスが大変に向上した。とはいえ、この恩恵に浴するのは、来るべきオリンピック関係者、廃棄物処理業者、そして酔狂な写真家くらいのものである。

この道路の現在の終点は、恐らくは暫定的で、「中央防波堤外側埋立処分場」のさらに先には、「新海面処分場」が計画され、すでにいくばくか人工地盤が延長されている。この終点で、人工性の行き止まりで車を止めて一休みし、あるいは車から出て、無人の風景をぶらつくのが、わが東京撮影行の常である。いわば中継点であって、行きにも帰りにも必ず、この場所に立ち寄るのである。

真新しい道路の、黒々と照り輝くアスファルトが、廃棄物運搬車両からこぼれる塵芥《じんかい》にまみれて、日に日に薄ぼやけてくる。

一応歩道もあって、それに沿っていかにもおざなりに設けられた植栽が、これまた日に日に増えるプラスチックごみ袋にまみれていく。

巨大な土盛りが整然と並んでいたかと思えば、翌週にはこつぜんと消え、はるかなる地平を明け渡す。コンテナ集積地に新設されるとおぼしき道路予定地は、雨が降ると立派な川になって、鳥たちがぷかぷか浮いている。

週末の東京湾岸ドライブの途中に一服入れるのか、駐車車両もちらほら見える。ツーリング中の、結構な数のバイク乗り集団がたむろして、熱心に自慢の愛車をスマートフォンで撮影している。すると、黄と白で縞《しま》に塗り分けた警備会社のワゴン車がやってきて、車内から警告を発する。この場所は駐停車禁止です。歩道への立ち入りも禁止されています。ただちに移動をお願いします、とのこと。ご苦労なことに、ほぼ無人の風景を終日巡回しているのである。

ある時、真新しい住居表示板が目に入った。いつしかそこは「東京都大田区令和島」となっていた。このエリアの帰属をめぐって、江東区と大田区がやり合っていることは、新聞で読んで知ってはいた。無人の風景のなか、思わず独り、声をあげて大きく笑った。よりによって「令和島」かよ！　令和2年6月1日から令和島一丁目、二丁目が新設、郵便番号は135―0093との由。

草どもが思う存分はびこって、ピカピカの住居表示板に旺盛に絡みつくピーカンの真夏日を待って、これを撮影した次第である。

【メモ】新型コロナウイルスの全国感染者数　①新規1486　②累計48551（20年8月9日）

22

ぶっ壊されたモノ

写真〈2020年8月9日、川崎市川崎区浮島町〉

見慣れた光景である。この十年間に、東北地方太平洋沿岸部で飽きるほど見た。だから、とりたてて大きな感興もなく撮った。が、ここは神奈川県川崎市であった。そして仕上げて写真を見ると、画面を走る四本の線が興味深い。

おそらく2019年秋の集中豪雨によるものだろう。海側から、まず防潮堤の太い線が破壊された。防潮堤のコンクリートのピースが二つ、陸側に押し出され、その力を受けて、海への立ち入りを禁じる柵がひん曲がる。いびつに折れ曲がった柵の線に沿って、それをなぞって、これを強調するかのように、危険区域への立ち入りを禁じる柵が、これまたいびつに折れ曲がって設置される。いちばん陸側には歩道の縁石が何らの力を被ることなく、消失点に向け、絵に描いたように真っすぐ延びる。

東北で撮影を続けた十年を踏まえ、東京で撮影を続けながら、つくづく思う。人工物の、人間がつくった直線の単調さに比べて、ぶっ壊された人工物の、何という複雑さ、何という多様さだろう。

自然の諸力に出合って破壊された人工物の方が、巷《ちまた》にあふれる真新しい人工物よりも、よっぽど魅力的である。少なくとも、形態の多様さ、質感の豊かさ、素材感のバリエーションといった点で、ぶっ壊された人工物の方が、情報量が格段に多い。無残である、いたたまれない、残酷だと感情的に嘆く前に、モノそのものを一見すれば、これは厳然たる事実である。「不謹慎」などと言う前に、モノそのものを見よ。まさにくみ尽くすことのできない多様さ、情報量なのである。私は東北で、瓦礫《がれき》のあまりの多様さに、つくづくと見入ってしまったのである。

【メモ】新型コロナウイルスの全国死亡者数 ①新規1 ②累計1040（20年8月9日）

23　鬼海さんの声

写真〈2020年8月16日、目黒区池尻〉

他の写真家がかつて撮影した東京の写真を渉猟《しょうりょう》する。先達たちの仕事から、過去の蓄積から栄養分をいただく。

鬼海弘雄さんの写真集『東京夢譚』『東京迷路』。いずれも6×6チセンの正方形フォーマットのモノクロフィルムで撮影された東京の風景写真である。奇をてらった技巧はなく、とても簡明に撮られた、どこにでもありそうな東京景である。が、明らかに異界がぱっくり口を開けている。この世とあの世が平然と同じ画面に共存する写真が、スクエアのフォーマットでなおのこと平然と、とりたてて何の出来事も起きずに、淡々と続いていく。

そんな『東京夢譚』のページをめくっていたら、見覚えのある景色に目が留まった。画面手前の階段から、鳥居を介して、奥に大きな道路が走る。その上には首都高とおぼしき高架がかかる。キャプションを確認すると、やはり目黒区池尻だった。

氷川神社の脇参道の鳥居。二十年ほど前の修行時代、ここから30秒ばかり坂を上ったボロアパートで暮らしていた。仕事ばかりだと腐るから、やはり毎週日曜日に、辺りの坂だらけの丘陵地を撮影していた。池尻、大橋、東山、代沢、神泉…。水に縁《ゆかり》のある地名をたよりに、その地形をたどり、地層をさかのぼるべく方々を歩き回っていた。

早朝に懐かしい現場に到着するも、鳥居の向こうの大通りは国道246号である。それも渋谷のすぐ手前で、朝から車通りがたえることはない。

つねに渋滞している渋谷の一歩手前で、休憩するのに格好の場所なのか、坂に駐停車する車両が多いのは二十年前と変わらない。鳥居が、この世なるものと、この世ならぬものをどうつないでいるか。これを精査するためには車も人も邪魔である。何度も通ってようやく撮った。

鬼海さんには私の前著、東北の写真をまとめたものをお送りして、何度も激励の電話をいただいた。大先輩からいきなり連絡をもらって感激し、恐縮して、焦って大汗かきながら、鬼海さんの声を机に書きつけた。

もちろん、いま取り組んでいる東京の写真も、本になったら必ず見てほしい。鬼海さんの足どりを文字通りなぞった写真が、収録される本になるはずだ。

この写真を撮った二カ月後、鬼海さんの訃報を知らされた。

あの時、電話口の鬼海さんの声が聞き取りづらかったのは、術後間もないせいだった。


【メモ】新型コロナウイルスの東京都感染者数 ①新規135 ②累計12551（20年8月16日）

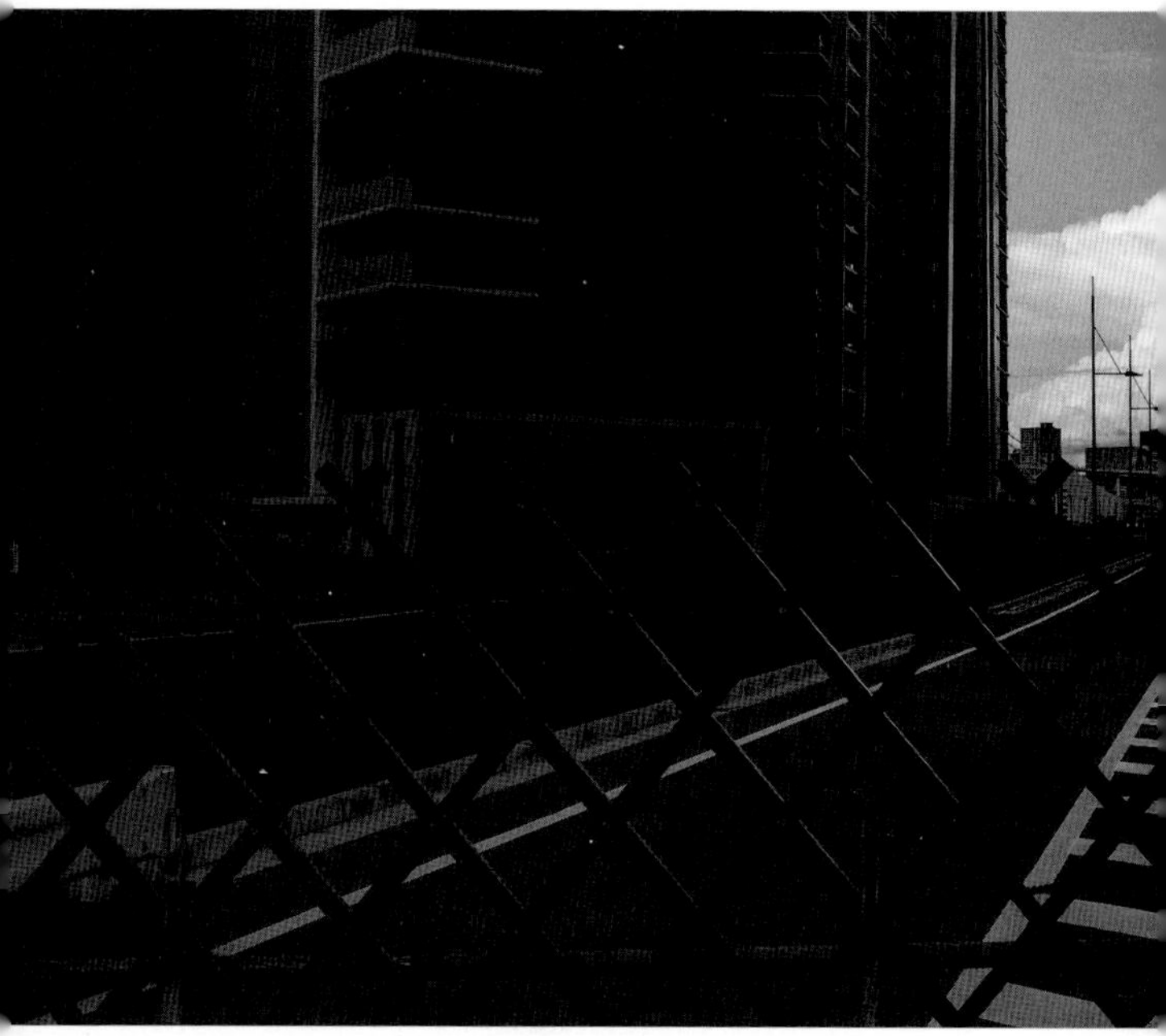

24

フェンスを超える

写真〈2020年9月6日、中央区晴海・オリンピック選手村〉

写真家の仕事の一つは、フェンスを超えることである。

フェンスがあったらよじ登る。フェンス、バリケード、金網、壁…等々。べつに他人様《ひとさま》の土地に足を踏み入れて、財産を侵そうというわけではない。

フェンス、バリケード、金網、壁…が作られると、おのずと「向こう」側が生まれ、そこには何か得体の知れないものが潜むことになる。

得体の知れぬものが先なのか、それを明示するフェンスが先なのか。

とにかくフェンスの「向こう」側の、得体の知れないものを撮るのが写真家の一大事である。だから、フェンスの存在はいい「しるし」になるし、写真家はそれを超えて、あるいはそれを通して、その「向こう」側に行かなければならない。

「向こう」という言葉の語源は、「むかし」であるらしい。国文学者の兵藤裕己によれば、「むかし」は、物理的に過ぎ去った過去の時間を意味する「いにしえ」とは異なり、文字通り「向こう」から、ふとしたはずみでやって来る。夢や記憶などのように、私たちが意識的にコントロールできるものではなく、まさに「向こう」から、どうしようもなく到来してしまうのが「むかし」であるというわけだ。

そういう、人間が意識的にコントロールできないものを、現代の都市はひたすら隠す。在ってはならないものとして徹底的に抑圧する。だからフェンス、バリケード、金網、壁などの「向こう」には、「見せたくないもの」「見てはいけないもの」が確実に在る。写真家はそれをこそ見なければならない。

意識がコントロールできないもの、意識がつくることができないもの、それは「自然」である。地震も津波もパンデミック（感染爆発）も、ふとしたはずみで、「向こう」からやって来る。

【メモ】新型コロナウイルスの東京都感染者数　①新規88　②累計１４７１４（20年9月6日）

KEN
HOKUSHIN

25

来し方は行く末

写真〈2020年10月4日、港区六本木・都立青山公園南地区・六本木在日米軍基地〉

一帯に張りめぐらされたフェンスに、いかにもアメリカ本土ふうに素っ気なく、英語で書かれた看板があって、どうやら米軍関連の施設らしいと気づいたのはいつのことだったか。少なくとも車の免許を取って、都内に車でひんぱんに乗り入れるようになってからは、それをはっきりと意識していた。

生まれ育った横浜市から、あるいは二十歳で移り住んだ川崎市から北上して、東京・西麻布の交差点を越えるとすぐ、青山墓地にぶつかって道が左右に分かれる。乃木坂下に向けて右に進むとすぐに、道の両サイドにタクシーがびっしり止まっている。運転手たちが車内で仮眠を取ったり、路上で一服したり、右手の公園のトイレで用を足しているのを横目に、車で通過するのが常だった。この公園、正式には東京都立青山公園南地区という。これに接して、六本木在日米軍基地、赤坂プレスセンター、星条旗新聞社がある。基地内の巨大なヘリポートは、西に向かって高くなる、こんもりした丘のような公園の、まさに一部を成している。

ふだん公園が賑《にぎ》わうのは、南側のフェンスに囲まれた運動場と、タクシー運転手たちが缶コーヒー片手に休憩するトイレ前である。公園の北端にあるトイレを左手に、奥へ、木々のうっそうと茂る小山を登ると、辺りはほの暗く、人けがいつもない。左手は六本木ヒルズにまで通じるトンネルで切られている。トンネルを挟んだ向こうには、巨大な甲殻《こうかく》類の腹のような、国立新美術館のうねるファサードが木々の合間にちらつく。境を画するフェンスの手前には、路上生活者の家財道具一式が収められているのだろう、きちんと成形された直方体が、これまた几帳面にブルーシートで梱包されている。

右手には日本の都市公園でよく見かける、いかにも中途半端な、スカスカのルーバー屋根付きベンチが一席。ベンチの先は米軍のヘリポートで、漆黒《しっこく》のいかつい柵が丈高くそびえ、侵入者を固く拒む。小山のてっぺん、その中央には「麻布台懐古碑」なる石碑が鎮座する。この高台から麻布の街を望み、この地の来し方を記す。

明治七年（１８７４年）11月創立された歩兵第三聯隊《れんたい》は、明治二十二年一月から昭和十四年（１９３９年）８月近衛歩兵第五聯隊が編成されるまでこの地に駐屯し、聯隊主力は昭和11年5月中国東北部に渡った。その後昭和18年8月より沖縄県宮古島の防衛に任じたが、終戦により聯隊歴史の幕を閉じた。近衛歩兵第五聯隊は昭和16年1月中国南部に駐屯して、12月太平洋戦争勃発《ぼっぱつ》と共に南方戦線に出動し、マレー半島、シンガポール、ジャワを経て北部スマトラ（インドネシア）に駐留し終戦を迎えた。昭和18年5月首都防衛のための近衛歩兵第七聯隊が創立された――との由。この碑は昭和62年10月25日、「近衛歩兵第五聯隊　歩兵第三聯隊　有志一同」によって建立された。

ある時、一人の白人中年男性が、金属探知機と思われる器具を手に、この小山の表面をくまなく走査していた。もしかして彼の探索は、この地の前歴に関連するものなのか？　いぶかって、尋ねてみようにも、何と聞いたらいいかおぼつかない。例のベンチに独り座って、作業を見届けてから帰路に就いた。

【メモ】新型コロナウイルスの東京都感染者数　①新規91　②累計17406（20年10月4日）

26　いけにえ

写真〈２０２０年11月15日、港区六本木・都立青山公園南地区・六本木在日米軍基地〉

何の遺構だろう。よもや旧日本軍施設の廃墟ではないだろう。

建物の基礎とおぼしきコンクリートの残骸が、なかば土に埋もれている。その残片に、幹を切られて息も絶え絶えの木の根が、すがりつくようにまとわりついている。残片が土中に沈んで消えていくのを押しとどめるように、コンクリートと木の断片は、互いにその力を拮《きっ》抗《こう》させているようにも見える。あるいはコンクリートの平たい面は、何かを献じる台座のようにも見える。台座に乗りかかる朽ちた木の根の曲線美は、横たわる女性の体を想起させる。

石製の祭壇の上に、いけにえの裸婦が捧げられているような、どこか古代的な、供儀の光景に見えなくもない。いけにえが向かう先、柵で隔てられ、こちらからは決して達することのできない向こうには、いと高き者が鎮座している、というような。

古代的な、とはいかにも大げさな妄想である。

その後、この公園で遊ぶ幼い子どもたちが代わる代わる、かの台座に石ころを献じていくのを私は目撃した。彼らが直感的に、この場の何たるかを把握しての行動であったと理解して、私の妄想も少しは現実に裏打ちされたと言えるかもしれない。

【メモ】新型コロナウイルスの東京都感染者数 ①新規２４３ ②累計２３１９９（20年11月15日）

27　アスファルトの死

写真〈2020年12月6日、江東区海の森〉

写真家は知らずして他の野生動物の領分を侵してしまうことがある。写真家もいわば獲物を求めてフラフラしているから、他の生き物の縄張りに入ってしまうのである。

東京では、カラスによく襲われる。警戒してけたたましく叫ぶカラスに追尾される。おそらく子育て中なのだろう、ときには頭部めがけて明らかに襲撃を仕掛けてくる。侵犯するつもりは毛頭ないのだが、こちらは野生を骨抜きにされた都会っ子であって、ただ申し訳ないとしか言いようがない。もっと敏感になるべく日々努力します。

そんな努力の一環というわけではないが、ある時から都市の野生動物はどこで死ぬのだろ

う と考えるようになった。都市をウロウロしながら、獲物ならぬ、他の動物の死骸を探すのである。

その名もずばり『死』という傑作写真集で知られる動物写真家、宮崎学さんの仕事に『死を食べる』（2002年）という、これまた素晴らしい仕事がある。生き物が他の生き物の死骸を食って生きていく、その循環の在りようを、明々白々に示し、人間を動物としてのヒトに連れ戻す。本の冒頭、一匹のキツネが車にひかれて路上で死んでいる。アスファルトの上に横たわっている。その死骸を、宮崎さんは土の上に移す。

いわば仕事の前提として、宮崎さんはキツネの死骸を土の上に移して、そこで経過を観察し、撮影するというわけである。以後、死骸の肉はダニ、ハエ、うじ、スズメバチ、ハクビシン…といった大小のあらゆる生き物に食い尽くされ、毛皮も鳥たちがその営巣に用いるべく持ち去り、やがて骨だけになり、その骨も土中のバクテリアが分解し、土にかえっていく。見事な循環である。しかし。これは死骸が土の上に移されなければ決して完遂することのなかった循環である。「アスファルトから土に移す」は、決して見過ごすことのできない「前提」である。

2019年、ある建築家から聞いた話である。

京都市内に拠点をおいて活動していた建築家は、東日本大震災を機に、京都の山あいの集落に引っ越した。住民が高齢化し、人口が減少した古くからの集落で暮らし、働き、そこで建築をつくっていく。

空き家になった家屋を購入して、自分で設計し、自ら改修して住んだ。

いわゆる日本家屋で、天井が低く、暗くてジメジメするから、現代的な生活に対応するべく、天壁を抜いて開放的な住まいとした。が、冬場にめっぽう寒く、家族には大いに不評だった。やがて移住後の生活も落ち着いて、住まいの隣の空き家をもう一軒買った。これにも手を入れなければならなかったが、この家には長く使われずに廃れたかまどがあって、彼はこれを復旧して使うことにした。かまどを直して日常的に使い始めると、煮炊きから出た熱や風が、天井の低くおさえられたかまどのある部屋から、他の部屋に移っていって循環し、もって家ぜんたいの一体的な空調が成されることに気づいたという。つまり低い天井は理《り》にかなっていて、それはかまどが生活のなかで使われていればこそであった。理《り》にかなっていればこそ、そこは快い場所、つまり快適となる。かまどが使われなくなれば、天井の低い部屋はその理《ことわり》を失い、結果、ただたんに暗くて湿気の多い場所に成り下がった。

【メモ】新型コロナウイルスの東京都感染者数 ①新規262 ②累計28703（20年12月6日）

28　双子石の履歴

写真〈2020年12月20日、大田区東海〉

撮影の帰り道は、東京湾を南端まで下った令和島から「東京港臨海道路」という海底トンネルで、対岸の城南島に出る。城南島から西に国道15号に突き当たって南下し、多摩川を渡って自宅のある川崎市に戻る。

ある日、城南島の、大量のコンテナ集積地と「野鳥の森公園」の間の、なだらかなカーブの道を通って帰路に就いていた時。

歩道脇のフェンス際まではびこる草むらの向こうに、何やら物体を垣間見た。車を止めて見てみると、彫り込まれて造形された、二つの大きな石の塊だった。フェンスの向こうは工事現場であるらしい。周囲を少し歩いてオレンジと黒の縞《しま》の現場用フェンスを越えてなかに入ると、道路の建設現場であった。
見たところ、長く作業が中断されている現場であった。道路の両端だけが完成していて、その間は、草が伸び放題で、荒涼たるありさまになっている。

二つの大きな石の塊は、道路のもう一方の端にもやはりペアで転がっていた。どうやら橋のたもとなどに建てられる、装飾のほどこされた親柱《おやばしら》の遺物であるらしかった。橋や道路の名称、竣工年月日が記される親柱は、ごく普通に道路が完成していればさして気に留めることもないだろう。しかし独り遺物として風雨にさらされ、異物のように土に埋もれていると、何か古い時代のモニュメントのようにも見えてきて、強く印象づけられた。

以来、帰りがけ、必ずここに立ち寄るようになった。

工事がストップしたままだから、大きな変化が別段あるわけではない。けれども通りがかる時間帯によって、この双子石が受ける光の角度は違うし、天候も当然さまざまだから、野外の彫刻のように、その時々に異なる豊かな表情を見せてくれる。

鬱蒼《うっそう》と草の間に見え隠れするのもいい。定期的な草刈りの後、唐突な感じがことさらに強調されるのも悪くない。前景の双子石、中景の工事現場、後景の「野鳥の森公園」のこんもりとした森。この三者の関係は季節と共に移ろって、なかなかに味わい深い。

もう二まわりほど小ぶりなら、持ち帰って手元でめでたいくらいである。そんな双子石を、傍らに車を止めてほんの一瞥《いちべつ》、ただ様子を確認したり、歩道からフェンス越しに撮影してみたり、時にはまた現場に入り込んで辺りを歩き回ったりしていた。

いつだったか、工事が再開されたのが見てとれた。かつての計画通り、あらためて道路を新設するらしい。緩やかにカーブしている既存の道路に対して、ショートカットするべく直線道路を造るとのこと。

にわかに時間が錯綜してくる。道路建設計画が何の理由か、しばし宙に浮いた。それに供する親柱《おやばしら》も遺物として長く野にさらされ、いい風合いに古びていった。

やがて計画が再開され、真っ白い直線道路を背景に、この異物が新しく浮き上がる。いまや双子石は、土中から初めて発掘された遺跡の断片のように、地上に現れたのである。

ことあるごとにわざわざ車を止め、双子石の前に赴くのは、どこか道端のお地蔵さんでも拝むようなものだったのかもしれない。

街のなかで、ふと足を止める、すると、そこでは時の流れも止まる。いやむしろ、ここでは時間は逆流してくるようである。二つの石の塊に向かい合って、ほとんど手でも合わせそうになる。

【メモ】新型コロナウイルスの東京都感染者数 ①新規446 ②累計34052(20年12月20日)

29

立ち姿

写真〈2020年12月27日、江東区青海〉

植物は不動にして、地を裂いてたち上がる。
都市の地表がアスファルトに覆い尽くされようと、知ったことではない。
あらゆる隙をついて播種《はしゅ》し、根を巡らし、地表を破って這い出《い》でる。
地に養われ、光に向かい、水を享《う》け、風に揺れて散種する。
当たり前の、この健全なる立ち姿に刮目《かつもく》せよ。

【メモ】新型コロナウイルスの東京都感染者数 ①新規608 ②累計38028（20年12月27日）

30 大地は動く

写真〈2021年1月11日、江東区海の森〉

〈2012年8月21日、岩手県釜石市唐丹町花露辺〉という、かつて私が撮影した写真がある。東京を撮影している時も、東北で見てきたことが常に、眼と頭の後ろにある。東北でのイメージが、背後に控えて待機している。撮影の後、プリントにして眺めながら、何か引っかかりがあれば、東北の写真と引き比べる。東京と東北を二重写しにする。「ここ」と「よそ」をつなぐ。

東北地方太平洋沿岸部の沖合約200キロに日本海溝がある。海溝は、海底の細長く深い谷である。

プレートテクトニクス理論によれば、ここで東北日本を載せた大陸プレートの下に、太平洋プレートが沈み込んでいる。大陸プレートと海洋プレートがぶつかると、相対的に軽い前者に、後者が潜り込んでいくという。二つのプレートが接触する境界面において、摩擦によって少しずつ蓄積されたひずみが解放されると、大地が一息に動き、途方もないエネルギーが生まれる。２０１１年3月11日、この自然力が巨大地震と大津波を生み出し、人工性にぶつかって原発事故を引き起こし、東日本大震災として結果した。この地殻変動によって東北日本は東に移動し、東北地方太平洋沿岸部は大きく地盤沈下した。北上山地最南端、牡鹿半島の鮎川浜にある国の電子基準点「牡鹿」においては、東南東方向に約５・３メートル動き、約１・２メートル沈下したと報告されている。

「花露辺」と書いて「けろべ」と読む。ここから少し南の「越喜来《おきらい》」とか「甫嶺《ほれい》」などの地名と共に、この地の先住者アイヌの言葉だろう。花露辺を擁する唐丹《とうに》湾（岩手県釜石市）は、三陸海岸の南半分、深い湾入と岬の出っ張りがきれいに反復していくリアス式海岸地形の典型である。唐丹湾の北岸をさらに細切れに、横V字型に切り込んだ湾入の西岸に本郷集落、北岸に花露辺集落がある。本郷においては、湾奥から西へ、なだらかに傾斜地が大きく広がる一方、花露辺は背後の山がそのまま海に突き刺さる格好で、急峻《きゅうしゅん》な谷筋に家々が軒を連ね、海辺まで一直線に下りていく。地形からして、本郷は今次の津波で流された一方、花露辺はその難を免れた。「本郷」とは、後続の和人が名付けた地名だろうから、彼らは地の利を取る一方、花露辺において、アイヌの人々は地の理《ことわり》にとどまったといえるだろうか。

花露辺集落の水際には、コンクリートで固められた小さな漁港がある。花露辺漁港はわずかな広さながら、収穫した海産物の荷さばき場も備えている。時は大潮。地盤沈下した荷さばき場の、コンクリートの地面が、今まさに、満ちてくる海に覆われようとしている。陸地と海を分かつコンクリートのエッジはもはやかき消されて、確たる位置が判然としない。どこまでを自らの領域とすべきか、そのつど感触を確かめでもするように、寄せては返す波がアメーバのように、静かに、しかし執拗かつ着実に人間の土地を浸していく。

ヒトに与えられた時間の終わり。期限切れ。満ちる潮に、ちょうど逆光で差す、薄紫色の柔らかな落日の影響もあってか、つかの間、そんな甘ったるく美しい幻想に浸った。その後、沈んだ大地は隆起を開始し、沈下分をそのまま嵩上《かさ》げしてしまった漁港では、日常の使用に支障を来したという。大地は動き続けているのである。

【メモ】新型コロナウイルスの東京都感染者数 ①新規900 ②累計54291（21年1月11日＝緊急事態宣言再発令5日目）

31

五輪と雑草

写真〈2021年1月17日、中央区晴海・選手村ビレッジプラザ〉

東京五輪選手村の、道路を挟んで反対側にある新しい建物だから、五輪関連の施設だろうと思っていた。撮影後、写真を仕上げるに当たって調べてみると、「選手村ビレッジプラザ」だった。

オリンピックうんぬんを目的に撮ったのではない。

五輪開催の是非であるとか、コロナ禍での延期について、はたまた二度目の緊急事態宣言が発令され、半年後に本当に実現できるのか。そういったことは私の関心事ではない。もちろん、意見はある。が、そんなものは他の誰にでもある。そうではなく、私が興味を引かれたのは、つまり私の写真にとって切実なのは、モノの在りさまであった。
曇天の、均質な光。軒下の、複雑に組み合わされた大量の木材。そのゴツゴツとした奥行き。それを引き継ぐような、タワーマンションの正面の顔、ファサード。表面に無数に刻み込まれた、無機質で規則正しく反復する凹凸。そして、それと鮮やかにコントラストを成す、真っ白な目隠し用フェンスの、平板な水平性。

いざ仕上げてみると、それらとは裏腹に、フェンスの隙間から顔をのぞかす、しおれた雑草たちにこそ、この写真の妙はあるように見えた。撮影時には意識すらしていなかった雑草こそが、何事かを語り、訴えもしているように思われるのである。

【メモ】新型コロナウイルスの東京都感染者数 ①新規598 ②累計58993（21年1月17日）

32　世界の際

写真〈2021年1月31日、江東区海の森〉／〈21年2月7日、江東区有明〉／〈21年2月7日、江東区中央防波堤・新海面処分場〉

東京の際《きわ》。東京の最南端、東京都江東区中央防波堤。その、さらに先。新海面処分場。毎週日曜日、この地の果てに必ず来る。この目で様子を確かめたい。立ち寄らないと気が済まない。他の場所で何一つ撮れなくても、ここに来れば撮影に出た気になる。茫漠たる地の果てに独りたたずんで、落ち着きすら覚える。

果ては何度も引き延ばされた。行き止まりのフェンスの向こう、はるかな地平の片隅で、ダンプカーが土ぼこりを立てて走り回る。巨大な土盛りが消えていく。フェンスは取り払われて、アスファルトが黒々と照り返る道路が延長される。道路の新しい果てには、新しいフェンスが設置される。

フェンスの向こうの果てを眺めやる。
果ての果て。
果ての先の、新たな果て。
果てが果てではなくなり、果ての向こうに新たな果てがつくり直される。
都市の際《きわ》。際限のない際。都市の極み。
同じ一つの人工性の、相矛盾する二つの力が、ここでは堂々巡りを続けている。
都市の際のフェンスを超える。
向こうに抜けた世界の際で、新しい贈り物を待つ。

【メモ】新型コロナウイルスの東京都感染者数 ①新規263 ②累計65485（21年1月31日）
【メモ】同東京都感染者数 ①新規209 ②累計67515（21年2月7日）

あとがき

写真〈2011年5月1日、岩手県宮古市田老野原・田老漁港〉

東日本大震災の被災後間もない三陸沿岸。流され尽くした風景を前に絶句する私に、問わず語りに話しかけてきた人々がいた。あそこに俺の家があったんだよ、きれいに流されちゃったね。皆一様に、当然のことのように、ほとんど他人事のように、平然とした表情で彼らは語った。もちろん、被災直後の放心状態もあったのだろう。しかし、彼らの顔には独特の静けさがあった。それは自然の回帰する時間性に、津波の反復するリズムに、自らを委ねた人間の静けさではなかったか。

津波は一回性の出来事ではない。また必ずやって来る。津波の反復が、この地のごく何気ない日常に、風景にはっきりと刻み込まれている。人々は津波と共に動く。津波のたびごとに、自らの住まいを移してきた。人々は自然が循環する時間性のなかで生きている。また確実にやって来る、自分たちにはどうしようもないものに対して、人々は正しく、畏れと諦めをもって生きている。畏れと諦めをもって自然を受け入れる彼らの表情は、あくまで健康的であった。そこに、うらみつらみはなかった。自然に身を任せれば、つかの間の「歴史」など取るに足らない。その代わりに、もっと大きな、息の長い、個々の人生の時間を超えた「歴史性」と共に生きていくことができる。彼らの顔から、私はそのようにくみ取った。

彼らこそ、地に足の着いた「妖怪」だ。自然と共にあって、自然のリズムに同調し、人間の内なる自然を確かに抱え、人外のものをも感知する「妖怪」たち。足のないマスクガール、大地から縁の切れた「幽霊」の対極。災害被災地や新型コロナウイルスが蔓延する大都市で、自然を自らの外側に追いやり、これをコントロールできるといまだに勘違いし、それに失敗するや、情緒的で軽薄な物語を乱発し、人の死を過剰に嘆く「幽霊」たち。「妖怪」と「幽霊」、この両者を遠く隔てるのは、歴史性である。地に足着けて軽やかな歴史感覚である。モノの理《ことわり》、モノの循環、モノの記憶。「幽霊」にはそれが理解できない。上っ面の、人間的なものにだけ右往左往しているからである。今こそ、地に足を着けて軽やかに生き延びてきた「妖怪」に、ならなければならない。

山岸　剛（やまぎし・たけし）
写真家。1976年生まれ。横浜市出身。早稲田大学政治経済学部経済学科および早稲田大学芸術学校空間映像科を卒業。2010-11年日本建築学会会誌『建築雑誌』編集委員。14年第14回ヴェネチア・ビエンナーレ国際建築展日本館チーム、写真ディレクター。早稲田大学芸術学校で非常勤教員を務めたことも。写真集に『Tohoku Lost,Left,Found : 山岸剛写真集』（LIXIL 出版）など。

早稲田新書005

東京 パンデミック
―写真がとらえた都市盛衰―

2021年4月7日　初版第一刷発行

著　者　山岸　剛
発行者　須賀晃一
発行所　株式会社 早稲田大学出版部
〒169-0051　東京都新宿区西早稲田1-9-12
電話 03-3203-1551
http://www.waseda-up.co.jp
企画・構成　谷俊宏（早稲田大学出版部）
装丁・印刷・製本　精文堂印刷株式会社

ISBN978-4-657-21007-4

早稲田新書の刊行にあたって

いつの時代も、わたしたちの周りには問題があふれています。一人一人が抱える問題から、家族や地域、国家、人類、世界が直面する問題まで、解決が求められています。それらの問題を正しく捉え解決策を示すためには、知の力が必要です。整然と分類された情報である知識。日々の実践から養われた知恵。これらを統合する能力と働きが知です。

早稲田大学の田中愛治総長（第十七代）は答のない問題に挑戦する「たくましい知性」と、多様な人々を理解し尊敬して協働できる「しなやかな感性」が必要であると強調しています。知はわたしたちの問題解決によりどころを与え、新しい価値を生み出す源泉です。日々直面する問題に圧倒されるわたしたちの固定観念や因習を打ち砕く力です。「早稲田新書」はそうした統合の知、問題解決のために組み替えられた応用の知を培う礎になりたいと希望します。それぞれの時代が直面する問題に一緒に取り組むために、知を分かち合いたいと思います。

早稲田で学ぶ人。早稲田で学んだ人。早稲田で学びたい人。早稲田で学びたかった人。早稲田とは関わりのなかった人。これらすべての人に早稲田大学が開かれているように、「早稲田新書」も開かれています。十九世紀の終わりから二十世紀半ばまで、通信教育の『早稲田講義録』が勉学を志す人に早稲田の知を届け、彼ら彼女らを知の世界に誘いました。「早稲田新書」はその理想を受け継ぎ、知の泉を四荒八極まで届けたいと思います。

早稲田大学の創立者である大隈重信は、学問の独立と学問の活用を大学の本旨とすると宣言しています。知の独立と知の活用が求められるゆえんです。知識と知恵をつなぎ、知性と感性を統合する知の先には、希望あふれる時代が広がっているはずです。

読者の皆様と共に知を活用し、希望の時代を追い求めたいと願っています。

２０２０年12月

須賀晃一